KT
Kaiser Taschenbücher
9

Hans Frör

Ich will von Gott erzählen wie von einem Menschen, den ich liebe

Chr. Kaiser

Originalausgabe

Die Deutsche Bibliothek – CIP-Einheitsaufnahme

Frör, Hans:
Ich will von Gott erzählen wie von einem Menschen,
den ich liebe / Hans Frör.
– 12. Aufl. – Gütersloh: Kaiser, 1999
(Kaiser Taschenbücher; 9)
ISBN 3-579-05009-5
NE: GT

ISBN 3-579-05009-5
12. Auflage, 1999

Umschlaggestaltung: Ingeborg Geith, München
Grafik: »Modderpals« (Pfütze) von M.C. Escher,
mit freundlicher Genehmigung der Escher Stiftung,
Haags Gemeentemuseum, Den Haag
Satz: Wagner GmbH, Nördlingen
Druck und Bindung: Clausen & Bosse, Leck
Gedruckt auf chlorfrei gebleichtem Werkdruckpapier
Printed in Germany

Kommt, laßt uns erzählen die Werke des Herrn, unseres Gottes!

Jeremia 51,10

Wir sehen jetzt nur wie durch einen Spiegel in rätselhafter Gestalt . . . denn unser Erkennen ist Stückwerk.

1. Korinther 13,12

1

Bevor es einen Anfang gab – denn die Zeit war noch nicht erschaffen – war Gott der Allmächtige mit sich selbst allein.
Und er sprach zu sich selbst: »Alles ist mir möglich, und nichts entgeht meinem Wissen: Ich kann Welten schaffen und auslöschen, und was ich schaffe, das durchschaue ich auch. Im Grunde macht es keinen Unterschied, ob ich mir ein Geschöpf ausdenke oder ob ich es herstelle. Denn mein Wissen hat keine Grenzen und meine Schöpferkraft hat keine Grenzen. Es sind meine eigenen Gedanken, die da Gestalt annehmen.
Alles Geschaffene bleibt ein Teil meiner selbst.
Ich bleibe mit mir allein.
Ich habe es satt, allmächtig zu sein und alles zu wissen. Ich hungere nach Ereignissen, die mich überraschen, die mich verblüffen und in Bann schlagen. Ich sehne mich nach Geschöpfen, die auch anders sein können, als ich es wünsche.«
Und Gott der Allmächtige sann darüber nach, wie er das anfangen könnte. Ein Gedanke reifte in ihm, eine Welt nahm in ihm Gestalt an mit unendlichen Möglichkeiten, so eingerichtet, daß er nicht wissen konnte, welche sich erfüllen würde, so daß er zusehen und warten konnte, was sich ereignete. Und Gott brannte darauf, seinen Plan in die Tat umzusetzen.

2

So schuf Gott die Zeit, zielgerichtet und unumkehrbar, und er schwor sich, sie nicht zu widerrufen.
Mit der Zeit verband er den Raum in drei Dimensionen, und in den Raum setzte er eine unvorstellbare Menge von Materie, zum Bersten aufgeladen mit Energie, voll von Gegensätzen und Spannungen. Er band Materie

und Energie an Zeit und Raum, so daß auch nicht *ein* Teilchen zur gleichen Zeit an verschiedenen Orten sein konnte, und daß keine noch so mächtige Energie einen Körper zeitlos von einem Ort zum andern befördern durfte.

Energie und Materie konstruierte er so, daß sie sich zusammenschließen konnten zu Atomen und weiter zu Molekülen von verschiedenem Aufbau, und er wußte wohl, welche Fülle von Verbindungen sich ergeben könnte. Aber er setzte sie nicht selbst zusammen, sondern überließ das der Zeit.

So schränkte Gott seine Allmacht ein und gab seiner Schöpfung Gesetze, nach denen sie sich selbst entfalten, verändern, aufbauen und umbauen konnte.

Und er schwor, diese Gesetze nicht umzustoßen.

3

Nachdem er alles sorgfältig vorbereitet hatte, gab Gott, der Allmächtige, seine Schöpfung frei.

Da spritzte die Materie auseinander, strahlend in grellem Licht. Weiß glühende Schwaden wirbelten durch den Raum, teilten sich in spiralige Inseln, jede voll stürmischer Bewegung in sich selbst. Und Gott lachte vor Begeisterung über seine Schöpfung und wartete neugierig, was daraus werden würde.

Er wartete lange. Die Massen begannen Gestalt anzunehmen. Sie sammelten sich an verschiedenen Orten zu rotierenden Scheiben. Die Anziehungskraft drängte sie in der Mitte zusammen, die Fliehkraft hielt andere Teile im Abstand – so wuchsen Sonnen, umkreist von Planeten, um die wiederum Monde kreisten.

Gott beobachtete sie alle, die Sonnensysteme, die riesigen und die kleineren; auch die versprengten Spritzer, die sich nicht so recht einfügten in das Gleichmaß der Bahnen, verfolgte er mit Spannung: vielleicht könnte

gerade durch sie etwas Unvorhergesehenes passieren: ein Zusammenstoß, ein Aufprall –
Die Sterne verströmten ihr Licht. Noch blieb den Sonnen genug Energie, um sehr lange zu leuchten, aber die Planeten und Monde kühlten ab, so daß Unterschiede in den Sonnensystemen entstanden: Heiße Körper, die ihre Hitze abgaben, und kühlere, die deren Wärme aufnahmen. Auch auf den Planeten selbst gab es Schwankungen, je nachdem welche Seite sie ihrer Sonne zuwandten. Gott rechnete damit, daß diese Unterschiede neue Spannungsfelder erzeugen mußten, und er freute sich auf das Spiel der Kräfte und auf die Welten, die sie formen würden.

4

Zum ersten Mal entdeckte Gott in einigen Planeten am Rand der Sonnensysteme flüssige Materie: flüssigen Stein, flüssiges Metall. Bisher war alles glühendes Gas gewesen. Aber als die Planeten abkühlten, sammelte sich in ihrem Kern die schwere Flüssigkeit, verdampfte wieder und tropfte zurück, bildete eine stetig wachsende Kugel mitten in der Hülle aus Gasen.
Und ehe der letzte Planet seinen flüssigen Kern gebildet hatte, beobachtete Gott schon auf anderen Planeten, wie die flüssige Oberfläche gerann, verkrustete zu Inseln aus hartem Gestein, die auf dem glühenden Meer dahintrieben, wuchsen, zerrissen und wieder zusammenstießen. Kontinente entstanden, Gebirge falteten sich, die Planeten prägten ihr Gesicht durch feste Konturen, ein jeder nach seiner Zusammensetzung, nach seiner Geschichte und nach der Entfernung zu seiner Sonne.
Es gefiel Gott, daß die Planeten ein Gesicht bekamen, daß nicht mehr einer wie der andere aussah, und er verfolgte aufmerksam die Auseinandersetzung der drei-

fach geformten Materie, der Gase, der Flüssigkeiten und der festen Körper. Er sah zu, wie die wechselnde Sonneneinstrahlung die Gashülle in Bewegung hielt, so daß Stürme über die Berge fegten, wie neue Elemente abgekühlt herabsanken, das Land angriffen und zusammenflossen zu Strömen, Seen und Meeren. Er sah zu, wie glutflüssiges Gestein die harte Kruste durchbrach, wie Inseln versanken und neue auftauchten, und er genoß den unaufhörlichen Kampf zwischen Beharrung und Veränderung, Aufbau und Abbau.

5

Je länger Gott diese Ereignisse an der Oberfläche der kühleren Planeten beobachtete, desto stärker zog es ihn zu den kleinsten Bausteinen der Materie, den Atomen und Molekülen. Im Spannungsfeld von Kälte und Hitze gruppierten sie sich zu vielfältigen Gebilden, und jede neue Form hatte besondere Eigenschaften und reagierte auf besondere Weise, wenn sie mit anderen Formen zusammentraf.

Gott fand neben ganz einfachen Molekülen bizarre und komplizierte Zusammensetzungen, dauerhafte Verbindungen und kurzlebige Sonderlinge; und immer wieder entdeckte er neue, gewagtere Konstruktionen, die er bisher noch nicht gesehen hatte.

Oft tat es ihm leid, daß sie so schnell wieder zerfielen, kaum daß sie ihre Form gefunden hatten. Er hätte sie gerne festgehalten und den Augenblick ihres Daseins verlängert, aber er dachte an die Abmachung, die er mit sich selbst getroffen hatte, die Gesetze der Schöpfung nicht willkürlich zu verändern. So wartete und suchte er weiter, ob vielleicht einmal solch ein kunstvolles Gebilde selbst einen Weg fände, dem Zerfall zu entgehen.

Da machte Gott eine Entdeckung: Auf einem kleinen blauen Planeten am Rande des Milchstraßensystems

hatte sich etwas ereignet, was neu war in der Schöpfung: Einige komplizierte Moleküle waren zusammengetroffen. Ihre Reaktionen hatten sich zu einer eigentümlichen Wechselwirkung ergänzt: Sie gliederten Teilchen ihrer Umgebung in ihr Gefüge ein, setzten sie ihrer eigenen Struktur entsprechend zusammen und bauten daraus das Spiegelbild ihrer selbst. Dann trennten sie sich von dem Gebilde, das sie erzeugt hatten.
Gott erfaßte sofort die umwälzende Bedeutung dieses Ereignisses. Die beiden Molekülgruppen würden sich wieder verdoppeln, vervierfachen, verachtfachen – sie würden sich vermehren und ausbreiten, solange sie Material fänden, das sie aufnehmen konnten. Und Material gab es in Fülle.
Gott rechnete sich aus, daß es bald Milliarden davon geben würde. Es würde also nichts ausmachen, wenn Millionen von ihnen, durch irgendeine Störung verändert, wieder zerfallen würden.
Eine solche Störung könnte ja auch dazu führen, daß ein neues, noch besseres Wirkungsgefüge entstünde, das sich wieder vermehrte, die bisherige Form überrundete, und wieder ein breites Experimentierfeld für neue Formen bereitstellte.
So beobachtete Gott fasziniert die neue Entwicklung, die seine Schöpfung genommen hatte. Er erlebte, wie immer weitere und verbesserte Gruppierungen funktionierten, bis sich schließlich ein Organismus durchgesetzt hatte, der alle Vorformen an Lebenskraft übertraf: die Zelle, deren Kern das Programm enthielt, welches ihr Wachstum und ihre Teilung steuerte.
Gott bewunderte den kunstvollen Aufbau und die präzise Funktion dieser Lebenszellen, die bald überall auf der Erde zu finden waren, wo es Wasser und Wärme gab.

6

Aber die Entwicklung war noch nicht zuende.
Immer wieder glückten neue Varianten, jede einzelne auf Kosten von Millionen mißglückter Versuche, aber jeweils diese eine von Millionen, die lebendig blieb, konnte ihre Umwelt wieder um ein kleines Stück besser verwerten, um zu wachsen und sich fortzupflanzen. Einigen Zellen gelang es, die Energie des Sonnenlichts für ihr Wachstum auszunutzen, andere entwickelten Bewegungsmechanismen, um schneller Nahrung zu finden, und Orientierungsfunktionen, um die Bewegung zielstrebiger zu steuern. Viele Zellen spezialisierten sich auf besondere Aufgaben und bildeten mit anderen einen Verband, so daß größere Organismen wuchsen mit besonderen Zellen für Orientierung, Bewegung, Nahrungsverarbeitung und Fortpflanzung.
Dabei tauchte auch ein neuartiger Weg der Vermehrung auf, der sich bewährte und sich deshalb bei den meisten Lebewesen durchsetzte: Der Organismus verdoppelte sich nicht mehr durch einfache Teilung, sondern er entwickelte besondere Fortpflanzungszellen, die sich nach der Teilung nicht selbst ergänzten, sondern mit einer entsprechenden Fortpflanzungszelle aus einem anderen Organismus vereinigten.
Gott maß dieser Errungenschaft große Bedeutung bei. Einmal durchschaute er die Vorteile für die weitere Entwicklung: Die Eigenschaften zweier Zellen vermischten sich zu einem neuen Ganzen, so daß jedes Lebewesen eine einmalige, nur ihm eigene Prägung bekam. Zum andern konnte er abschätzen, daß damit eine neue Bedingung für das Überleben der Arten gesetzt war, die bei künftigen Lebensformen ihre Wirkung nicht verfehlen dürfte: Es war ja fortan lebensnotwendig, daß Organismen der gleichen Art zueinander fanden, damit sich ihre Fortpflanzungszellen vereinigen konnten. Je zielstrebiger ihr Verhalten darauf zusteuern

würde, desto sicherer würden sie ihre Art vermehren und andere Arten überrunden.
Gott versuchte, sich den Reichtum der Lebensformen und Verhaltensweisen auszumalen, die wachsen würden, um die Geschöpfe zueinanderzuführen. Wenn er darüber nachdachte, ahnte er etwas von Lust und Schmerz, von Liebe und Eifersucht, von Glück und Enttäuschung.
Aber Gott machte noch eine weitere Erfahrung, und die bedrückte ihn: Er erlebte das Sterben. Gewiß, er hatte Sterne verglühen, Inseln versinken, Zellen zerfallen sehen. Manchmal hatte es ihm leid getan, wenn ein besonders hübsches Exemplar seiner Schöpfung einer Katastrophe zum Opfer gefallen war. Aber es war nicht dasselbe gewesen wie die Melancholie, die jetzt über ihn kam.
Er verstand natürlich, daß höher organisierte Lebewesen empfindlicher waren und nicht endlos leben konnten, ja daß ohne das Sterben keine Weiterentwicklung möglich war. Er redete sich ein, daß es im Grunde für die Schöpfung gut sei, wenn das Schwache und Überalterte stirbt, untergeht, aufgefressen wird, um jungem, starkem Leben Platz zu machen. Aber so folgerichtig diese Gedanken auch waren, sie konnten Gottes Traurigkeit nicht ganz beiseiteschieben.

7

So erlebte Gott die Entwicklung des Lebens auf der Erde. Er sah zu, wie sich die Pflanzen im Wasser und auf dem Land in unzähligen Formen ausbreiteten, er verfolgte, wie die verschiedenen Arten der Tiere heranwuchsen, Würmer und Fische, Krebse, Spinnen und Insekten, wie sie ihre Sinne, ihre Glieder und ihre Bewegung den Anforderungen ihrer Umwelt anpaßten. Er sah, wie die ersten Wirbeltiere aus dem Wasser krochen, das Land und die Luft eroberten, ihre Flossen zu Beinen und Flügeln umbildeten. Er freute sich an den Bäumen und am Gras auf dem Erdboden, an den Riesentieren und an den winzigen, und er merkte mit Vergnügen, daß nicht immer die Großen das Leben am besten meisterten, sondern die Geschicktesten und Wendigsten, und das waren oft die Kleineren – notgedrungen, denn sie mußten sich vor den Großen in acht nehmen.

So kam es, daß eine ganze Gattung mächtiger Tiere dahinstarb, während eine junge Art kleiner Baumbewohner die Wälder bevölkerte. Sie hatten – anders als die Großen – warmes Blut, und sie erstarrten nicht, wenn die Kälte einsetzte. Sie gingen auch anders mit ihrer Nachkommenschaft um. Bisher hatten die Tiere eine Unzahl von Eiern im Wasser abgelegt und sich selbst überlassen. Es kümmerte sie nicht, daß die meisten ihrer Jungen gefressen wurden. Einige kamen immer durch und erhielten die Art.

Die warmblütigen Tiere dagegen brachten nur wenige Junge zur Welt. Sie konnten es sich nicht leisten, sie einfach ihrem Schicksal zu überlassen. Darum beschützten sie ihre Kinder, solange sie klein waren, betteten sie in Höhlen und Nestern, fütterten sie und pflegten sie. Einige Muttertiere nährten ihre Jungen sogar mit Milch, die aus ihrem eigenen Körper floß.

Was Gott dabei besonders bewegte, war nicht nur die Geschicklichkeit, mit der sie die Nachkommen allen Gefahren zum Trotz am Leben erhielten. Vor allem berührte ihn die eigenartige Beziehung zwischen dem Vatertier, dem Muttertier und den Jungen. Sie waren aufeinander angewiesen, und ihr Leben hing davon ab, wie sie miteinander umgehen konnten. Sie mußten ihr Zusammenleben organisch ausbauen, und so entwickelten sie neue Fähigkeiten, sich zu verständigen, einander zu kennen und zu rufen, voneinander zu lernen und Erfahrungen weiterzugeben.

Gott setzte auf diese Formen der Gemeinschaft große Hoffnungen. Er spürte, wie hier, bedingt durch den Kampf ums Weiterleben, ein Gegengewicht zu diesem Kampf wuchs: Erbarmen mit den Schwachen – der erbarmungslosen Gewalt der Starken zum Trotz; Geborgenheit und Vertrauen, aller Angst zum Trotz. Gott wünschte sich sehr, daß diese neuen Erfahrungen wuchern sollten wie die Algen im Meer, daß sie übergreifen sollten auf die ganze Schöpfung, daß es eines Tages Angst und Gewalt nicht mehr geben würde.
Andererseits konnte er sich nicht vorstellen, wie das gelingen sollte. Denn alle Formen der Gemeinschaft wuchsen ja nur deshalb, weil der Kampf ums Überleben sie dazu zwang. Man konnte beides nicht auseinanderreißen, die Gefahr und den Schutz, die Feindschaft und die Liebe. Eines war notwendig für das andere, und eines erzeugte das andere. Gott rechnete hin und her, wie der Friede sich in seiner Schöpfung durchsetzen könnte, und fand keine Lösung. Solange alle Verhaltensweisen der Tiere weiter nichts waren als Reaktionen auf Zwänge und Bedrohungen, gab es keine grundlegende Wende.

8

Doch da entdeckte Gott, daß inzwischen einige Tiere so beweglich geworden waren, daß sie nicht mehr in allem, was sie taten, von der Notwendigkeit bestimmt waren. Neben den vorprogrammierten Reaktionen, die sie am Leben erhielten, fanden diese Geschöpfe mehr und mehr Gelegenheit zu spielen, auszuprobieren, Zweckloses zu unternehmen, durch nichts anderes getrieben als durch ihre Neugier und durch den Spaß, den ihnen dies offenbar machte. Sie beknabberten ein Stück Holz, nicht weil sie Hunger hatten, sondern einfach zu ihrem Vergnügen. Sie balgten miteinander, nicht weil sie sich wehren mußten, sondern weil sie es lustig fanden. Sie nahmen einen Stein in ihre Greifhand, ließen ihn fallen, warfen ihn in die Luft, einfach um auszuprobieren, was sie damit alles anstellen konnten.

Dabei lernten sie manches, was ihnen auch für den Lebenskampf nützlich war. Vor allem aber übten sie sich darin, Verhaltensweisen selbst zu erproben und mit ihnen zu experimentieren. Was sich bewährte, machten sie sich zu eigen. So bewährte es sich bei einer bestimmten Art von Baumtieren, daß sie ihre Greifhände nicht nur zum Laufen und Klettern gebrauchten, sondern um Gegenstände zu fassen und damit zu hantieren. Mehr und mehr verzichteten sie darauf, auf ihren Händen zu gehen. Sie stellten sich auf die Hinterfüße und spezialisierten ihre Hände, um die Dinge zu ergreifen und zu begreifen, sich zu eigen zu machen und zu gestalten.

Sie fanden heraus, wie sie Steine und Stöcke als Werkzeuge verwenden konnten, ja sogar ans Feuer wagten sie sich heran und lernten, es zu bändigen und zu entfachen.

Diese Geschöpfe begannen also, sich die Welt einzurichten und verfügbar zu machen. Gott fühlte eine eigentümliche Verwandtschaft zu ihnen. Er erinnerte sich daran, wie er die Welt eingerichtet hatte, und er wußte noch nicht recht, ob daraus eine Zusammenarbeit oder eine Konkurrenz werden würde. Das Gehirn dieser Zweifüßler war auch inzwischen so vielschichtig geworden, daß sie bewußter als die anderen Tiere planen und abwägen konnten, und entsprechend ihren gestalterischen Fähigkeiten wuchs auch ihre Sprache weit über die angeborenen Signale hinaus: Sie erzählten und verhandelten, schimpften und scherzten, weinten und lachten. Und sie brachten ihren Kindern alles bei, was sie selber gelernt hatten.

Wenn überhaupt etwas der Welt ein neues Gesicht geben kann, so überlegte Gott, dann müßten es diese Zweifüßler sein. Vielleicht könnte er sie gewinnen als

Partner, die seine Vorstellungen von einer guten Schöpfung verwirklichten.
Darum begleitete er sie auf Schritt und Tritt, voll Erwartung, was sie wieder Neues erfinden würden, – bis er eines Tages mit ansah, wie einer von ihnen seinem Bruder mit einem Prügel den Kopf zertrümmerte.

9

Gott erstarrte ebenso vor Entsetzen wie der Mann, der neben dem Toten stand, die blutige Keule in der Hand, der plötzlich in panischem Schrecken davonstürzte, irgendwohin. Und Gott wußte: Sie würden beide keine Ruhe mehr finden, er selbst so wenig wie der Mörder und seine Brüder.
Sie würden keine neue Erfindung mehr allein zur Erhaltung des Lebens benützen, sondern sie würden all ihr Können auch einsetzen, um Leben zu zerstören. Nur Angst und Erschöpfung würden sie davon abhalten, einander vollends auszurotten.
Zum ersten Mal seit Beginn der Schöpfung weinte Gott vor Schmerz und Enttäuschung. Und dabei merkte er, wie sehr er die Menschen liebte, den Erschlagenen wie den Totschläger, und all die andern, die von nun an der Haß trieb, Rache zu üben, und denen die Angst vor der Vergeltung die Ruhe raubte.
Gott schloß die Augen und versank für lange Zeit in Schwermut. Er wollte nichts mehr hören und sehen von seiner Schöpfung. Er wollte vergessen. Aber der Anblick der verfeindeten Brüder verfolgte ihn. Manchmal dachte er an den Tod, wie er ihn bei den Pflanzen und Tieren kennengelernt hatte. Vielleicht war das Sterben nicht nur ein Unglück, sondern erlöste von Furcht und Unruhe. Er wünschte sich, selbst sterben zu können; dann würde die Trauer ihn nicht mehr quälen.
Oder sollte er die Schöpfung abbrechen? Sie wegwi-

schen wie einen bösen Traum? Andere Welten schaffen, ohne Risiko, ohne die bösen Überraschungen? Wieder für sich sein, alleine bleiben, ohne Gegenüber?
Doch wie sollte er sie je vergessen können, seine Geschöpfe? Wieder fühlte er wie einen Stich im Herzen, daß er sie liebte, leidenschaftlicher als eine Mutter ihre Kinder liebt.
Gott begann darüber nachzugrübeln, was er tun könnte. Er erinnerte sich an seinen Entschluß am Anfang der Schöpfung, die Gesetze der Welt nicht anzutasten. Sollte er diesen Vorsatz aufgeben und in das Gefüge der Schöpfung eingreifen? Er hatte sich darauf gefreut, die eigenständige Entwicklung der Welt zu beobachten. Jetzt aber hielt er es nicht mehr aus, als Zuschauer daneben zu sitzen. Er war ja längst kein unbeteiligter Zuschauer mehr. Das Leiden seiner Geschöpfe trieb ihn um, drängte ihn mit unwiderstehlicher Macht, sich dem Elend entgegenzuwerfen. »Was soll der alte Entschluß?« rief er aus. »Als ich ihn faßte, kannte ich die Menschen noch nicht!«
Aber auf der anderen Seite erkannte er sehr genau, daß ein Eingriff gerade das zu zerstören drohte, was ihm am Herzen lag. Es wäre für ihn keine Kunst, den Organismus des Menschen umzubauen und so etwas wie einen Engel aus ihm zu machen. Aber damit würde er gerade das auslöschen, was er an ihm liebte: das Vermögen, nein zu sagen, anders zu sein, zu überraschen und zu enttäuschen. Ein zwangsläufig reibungslos funktionierendes Geschöpf könnte ihn nicht lieben. Lieben kann nur einer, der die Liebe auch verweigern kann. Und Gott spürte, wie sehr er sich nach der Liebe der Menschen sehnte.
Der Zwiespalt quälte ihn, und zugleich wußte er, daß er diesem Zwiespalt nicht ausweichen konnte, so schwer er auch zu ertragen war. Ja, er wollte eingreifen. Aber nicht von außen als einer, der vom sicheren Abstand aus manipuliert. Wollte er seinen Geschöpfen helfen, ohne

ihr Wesen zu zerstören, so mußte er sich persönlich in ihre Geschichte hineinbegeben, sich den Gesetzen menschlichen Handelns unterwerfen. Es war ihm bewußt, daß dieser Weg nicht am Leiden vorbeiführte. Nicht am Leiden der Menschen und nicht an seinem eigenen Leiden.
»Ich muß mit ihnen ins Gespräch kommen«, sagte Gott. »Ich muß mit ihnen in ihrer eigenen Sprache reden, so wie bei ihnen eine Mutter mit ihrem Kind redet. Ich muß mit ihnen Vereinbarungen treffen, so wie sie miteinander Verträge abschließen. Ich will um ihre Liebe werben, so wie einer von ihnen um die Liebe einer Frau wirbt.«
Und Gott begann, die Sprache der Menschen zu lernen.

10

Inzwischen hatten sich die Menschen weit über die Erde verbreitet. Sie hatten gelernt, Tiere zu züchten und Äcker zu bestellen, Häuser zu bauen und Waffen zu schmieden. Und sie hatten sich Götter gemacht und beteten sie an.
Gott sah mit Verwunderung, was die Menschen alles für göttlich hielten. Die Sonne, den Mond, die Sterne, das Meer und die Berge, Tiere, Bäume und Steine, Donner und Blitz – es gab kaum etwas in der Schöpfung, was sie nicht mit Gott verwechselten.
Aber Gott begriff bald, daß es die Angst war, die sie dazu trieb. Ihr Leben hing davon ab, daß der Regen kam und der Hagel sie verschonte, daß die Erde das Korn wachsen ließ und die feindlichen Nachbarn sie nicht überwältigten, daß die Seuchen sie nicht zu Boden warfen und die Fluten sie nicht überschwemmten. Darum gaben sie sich die größte Mühe, diese unberechenbaren Kräfte zu beeinflussen: Sie beteten, opferten, tanzten und zauberten, um sie günstig zu stimmen, und

schleppten ihre Götzen mit in den Krieg in der Hoffnung, sie würden sich als gefährlicher erweisen als die der Feinde.
Gott hörte das Stöhnen der Verwundeten, wenn sie ihre Götter um Rache anflehten. Er sah die entstellten Gesichter der Kranken, wenn sie nach Rettung riefen. Er hörte den Lärm der Feste, wenn die Bauern die Ernte einbrachten, und sah die hilflose Wut in ihren Augen, wenn sie vergeblich um Regen bettelten und die Dürre ihre Felder verbrannte. Er sah mit Entsetzen, wie manche sogar ihre Kinder auf den Altären schlachteten, um die Gunst der Götter zu gewinnen.
Könnten sie doch ihn um Hilfe anrufen! Könnten sie doch Vertrauen zu ihm gewinnen! Zu ihm würden sie anders beten, und er würde sie hören, ihre Klagen und ihre Freudengesänge, ihre Bitten und ihre Vorwürfe. Ihre Götter hatten wenig Ähnlichkeit mit ihm, dem lebendigen Gott. Sie liebten die Menschen nicht, sie bedrohten sie. Ihre Gesichter waren aus Stein.
Gott erforschte gründlich, wie die Menschen mit ihren Göttern umgingen. Denn er mußte wohl in Konkurrenz zu ihnen treten, wenn er sich den Menschen verständlich machen wollte. Er wollte herausbringen, wo die Menschen die Stimme Gottes zu hören meinten. Dort könnte er vielleicht selbst zu sprechen beginnen; dort würden sie ihn vielleicht verstehen.
Er fand Verschiedenes. Die Menschen suchten nach Zeichen und deuteten zufällige Ereignisse als Hinweise der Götter. Sie beobachteten die Sterne und berechneten aus ihrem Lauf ihr Schicksal. Sie warfen das Los, um einem Gott die Entscheidung zu überlassen. Sie erwarteten Gottes Anrede in ihren Träumen, in der Ekstase, in Visionen, und in den Gedanken der Weisen.
Es war ein Gewirr verschiedenartiger Stimmen, und Gott mußte befürchten, daß seine Stimme darin untergehen würde, zumal er ja nicht mit imposantem Spektakel in die Geschichte einsteigen wollte, um die Freiheit

des Menschen, nein zu sagen, nicht zu behindern. Darum plante er, zunächst einen einzelnen Menschen herauszulösen aus dem Geflecht der Sippen und Völker und ihrer Religionen und mit ihm alleine zu reden, sein Gott zu werden und seine Nachkommen zu seinem Volk zu machen. Später, wenn dieses Volk ihn verstanden hätte, könnte es zum Modell der ganzen Menschheit werden, als Partner und Verwalter seiner Schöpfung.

11

So wählte Gott einen Menschen aus und entschied sich für Abraham, einen Nomaden aus dem Zweistromland. Er redete ihn bei seinem Namen an: »Abraham!« Abraham horchte auf: »Ja, da bin ich.« Gott erklärte ihm, was er mit ihm vorhatte: »Verlaß deine Heimat und deine Sippe und deine Freunde. Ich werde dir ein anderes Land zeigen. Dorthin sollst du gehen. Denn ich will ein großes Volk aus deinen Nachkommen machen, ein Volk, das mich kennt und mir allein dient. So will ich durch dich die ganze Menschheit segnen.«

Gespannt wartete Gott, was Abraham dazu sagen würde. Aber der sagte nichts, sondern traf die nötigen Vorbereitungen für einen langen Weg und brach auf, zusammen mit seiner Frau, seinen Leuten und seinem Vieh.

Gott staunte über dieses prompte Zutrauen, das Abraham ihm bewies, obwohl er doch nur ganz menschlich mit ihm gesprochen hatte. Dieses Zutrauen wurde in den folgenden Jahren noch manchmal hart auf die Probe gestellt, vor allem dadurch, daß Abraham lange kinderlos blieb und erst in seinem Alter einen Sohn zeugte. Aber Abraham, der alle Bindungen und Sicherheiten hinter sich gelassen hatte, setzte alles auf das Versprechen seines Gottes und blieb dabei.

Gott dachte später noch oft an diesen Mann, besonders

wenn er an seinem Volk verzweifeln und am liebsten aufgeben wollte. Dann erinnerte er sich an Abrahams Glauben und fing wieder an zu hoffen, daß seine Mühe nicht umsonst sein würde.

12

Die Nachkommen Abrahams wuchsen zu einem Volk heran und gerieten unter die Herrschaft der Ägypter. Sie mußten in den Steinbrüchen und auf den Baustellen des Pharao arbeiten, und diese Frondienste entarteten mit der Zeit zu einer unerträglichen Sklaverei. Gott hörte die Schreie seiner Leute und sah die Erschöpften, von den Treibern zusammengeschlagen, am Wege liegen. Es paßte ihm nicht, daß man sein Volk so mißhandelte.

Er überlegte. Vielleicht war dies die Gelegenheit, daß sein Volk eine entscheidende Erfahrung mit ihm machen könnte. Die Situation war ja typisch für die gesamte Menschheit: Die Starken beuteten die Schwachen aus, die Herren verfügten wie Götter über ihre Sklaven. Wenn es ihm gelänge, seine Erwählten aus der Sklaverei zu befreien, könnten sie erleben, was es heißt, ihn zum Herrn zu haben und nicht den Gottkönig Ägyptens.

»Ja, das soll mein Volk erfahren«, sagte Gott, und sah sich um nach einem Mann, dem er die nötigen Anweisungen geben könnte.

Er fand, daß Mose sich dafür eignete. Der war als Kind von einer Tochter des Pharao adoptiert worden, so daß er Zugang zum Hof hatte. Deshalb wurde er von vielen Israeliten schief angesehen. Auf der anderen Seite war bekannt geworden, daß er einmal aus Wut über die Mißhandlungen einen Ägypter erschlagen hatte. Daraufhin war er ins Gebirge geflohen.

Dort redete Gott ihn an und sagte zu ihm: »Ich bin der Gott Abrahams, der Gott deines Volkes. Ich kann es nicht mehr mit ansehen, wie mein Volk von seinen Unterdrückern gequält wird. Ich will sie herausholen aus der Sklaverei und ihnen ein gutes, weites Land geben, ein Land, das von Milch und Honig überfließt. Dazu brauche ich dich, Mose. Geh zum Pharao und sage ihm: Laß mein Volk ziehen.«

Mose wehrte sich mit Händen und Füßen. Er brachte eine Ausrede nach der andern, und obwohl Gott auf jede geduldig einging, rief er schließlich: »Nimm doch, wen du willst– bloß mich nicht!«

Da riß Gott die Geduld, und er schrie Mose an: »Traust du mir nicht zu, daß ich bei dir bin, wenn du zum Pharao redest und wenn du mit den Israeliten redest? Nun gut, nimm meinetwegen deinen Bruder Aaron zuhilfe, soll er für dich reden, wenn dir die Stimme versagt. Aber jetzt geh und tu, was ich dir auftrage!«

Da ging Mose. Und trotz seines anfänglichen Sträubens erfüllte er seinen Auftrag recht gut. In zähen Verhandlungen versuchte er den Pharao zu bewegen, Israel in die Wüste ziehen zu lassen. Gott genoß diese Auseinandersetzung: auf der einen Seite der Gottkönig Ägyptens, unübertroffen an Macht und Glanz; ihm gegenüber Gottes Mann Mose, Gott selbst in Moses Worten: ein Gott gegen den andern in einem Kampf mit ungleichen Waffen.

Er, der Gott Israels, gewann den Streit um sein geschundenes Volk. Am Ende jagte der Pharao Mose und seine Leute förmlich davon. Israel machte sich auf den Weg in die Wüste.

Noch einmal schien das Unternehmen in die Brüche zu gehen: der Pharao ärgerte sich bald, daß er so viele Arbeiter hatte ausreißen lassen, und er schickte Truppen hinter ihnen her, um sie einzufangen. Aber ehe diese die Flüchtlinge erreichten, gerieten sie in das zurückflutende Wasser eines ausgetrockneten Meeresarmes. Die Israeliten standen und sahen, wie ihre Unterdrücker untergingen. Da schlug die Angst um in stürmischen Jubel: »Unser Gott hat's getan! Die Sklaventreiber hat er ins Meer geworfen!« Und sie feierten ihren Gott und sangen ihm begeisterte Lieder. Israel war frei.

13

Es gab keine Mauern und Zäune mehr, keine Kommandos und Peitschenhiebe. Befreiend weit war die Wüste, und zugleich bedrohlich und fremd. Wer konnte wissen, ob man morgen Wasser finden würde? Würden die Tiere weiden können, die Menschen Nahrung bekommen? Die Israeliten waren auf ihren Gott angewiesen wie nie zuvor. Er hatte sie hierher geführt, und wenn sie nicht in der Wüste verenden sollten, mußte er sie weiterführen. Gott wollte das auch. Es tat ihm wohl, ihr Vertrauen zu spüren, wenn sie beteten. »Gott, wir haben Durst!« so riefen sie ihn an. »Wenn du dich abwendest, verschmachten wir. Führ uns zum Wasser!« Und wenn sie das Wasser fanden, dankten sie ihm, tanzten und sangen. Wenn sie eßbare Früchte entdeckten, die sie nicht kannten, sagten sie: »Gott hat uns Brot gegeben.« Das gefiel Gott. Er wollte sie ja nicht in die Irre gehen lassen. Er wußte, daß auch die Wüste sie ernähren würde.
Doch ihr Vertrauen hielt immer nur kurz. Der lange Weg machte die Leute mürrisch und ängstlich, die Freiheit schmeckte ihnen bald nicht mehr, und sobald Schwierigkeiten auftauchten, jammerten sie Mose die Ohren voll: »Wo ist denn jetzt dein Gott? Hat er uns im Stich gelassen? Wären wir doch in Ägypten geblieben! Da wußten wir wenigstens, wie wir dran waren!«
Solches Gerede konnte Gott nur schwer ertragen. Er hatte sich so darauf gefreut, mit seinem Volk allein zu sein, mit ihm zu reden und zu planen. Mehrmals kam ein Zorn über ihn, daß er am liebsten all seine Pläne über den Haufen geworfen hätte.

In solchen Augenblicken bewährte sich Mose mit einer Hartnäckigkeit, die Gott außerordentlich wohl tat. Mose stemmte sich mit allen verfügbaren Argumenten gegen Gottes Resignation und ließ nicht locker, bis er ihn umgestimmt hatte: »Du hast ja recht, Herr«, sagte er, »dieses Volk ist ein störrischer Haufen. Aber überleg doch: Was wird geschehen, wenn du jetzt aufgibst? Die Ägypter werden über dich lachen und sagen: Dieser Gott wollte gegen unsere Götter auftreten. Also bleib deinem Volk treu – nicht unseretwegen, sondern deinetwegen, damit dein Name nicht bei den Völkern zum Gespött wird! Denk doch daran, was du dem Abraham versprochen hast, was du dir selbst geschworen hast!«
Diese Auseinandersetzungen mit Mose gaben Gott das eigentümliche Gefühl, ernst genommen zu werden; nicht wie die anderen Götter, die man fürchtete und denen man schön tat, sondern wie ein Partner, zu dem man Vertrauen hat. So blieb er weiterhin seines Volkes Gott, ja er verpflichtete sich offiziell dazu: Ein Bündnis schloß er mit Israel und ließ es besiegeln mit dem Blut von Opfertieren.
Die Bedingungen dieses Bündnisses hatte er mit Mose zusammen ausgearbeitet. Das Volk verpflichtete sich dabei, Gottes Angebot anzunehmen, also sein Volk zu bleiben und keine anderen Götter neben ihm zu dulden; auch darauf zu verzichten, ihn abzubilden, wie man es mit anderen Göttern tat, um sie dingfest zu machen. So wollte Gott jede Verwechslung und Vermischung verbannen, und er wachte eifersüchtig darüber, daß sie sich nicht mit jenen lächerlichen Scheingöttern abgaben, bei denen doch keine Liebe und keine Freiheit zu holen war.
Darüber hinaus regelten eine Reihe von Geboten und Gesetzen das Zusammenleben. Sie sollten Raum schaffen für die Liebe und sollten Haß und Zerstörung von der Gemeinschaft fernhalten.
Dies alles legte Mose im Auftrag Gottes den Israeliten

vor, und er fragte sie: »Wollt ihr, daß der Herr euer Gott ist und ihr sein Volk seid?« Und das ganze Volk antwortete: »Ja.«

14

Mose führte das Volk Israel bis an die Grenze des Landes, das Gott dem Abraham gezeigt hatte. Dann starb er. Unter Josuas Führung überquerte Israel den Jordan und nahm das Land in Besitz. Die Zeit der Wanderung, in der Gott mit seinem Volk allein war, ging zuende. Künftig war Israel mit den politischen Kräften seiner Umwelt verflochten und konnte sich diesen Einflüssen nicht entziehen. Eine Zeitlang ließ es sich noch von Männern leiten, mit denen Gott geredet hatte. Aber eines Tages wurden unzufriedene Stimmen laut: »Wir brauchen einen König, wie alle Nachbarvölker einen König haben!«

Gott ärgerte sich über dieses Verlangen. Er selbst wollte Israels König sein. Er hatte zu ihnen gesprochen, hatte ihnen sein Gesetz gegeben und mit ihnen das Bündnis geschlossen, damit sie nicht so würden wie die andern Völker. »Ich bin ihnen nicht mehr gut genug! Sie wollen sich vor einem Führer in den Staub werfen, der ihnen und den Nachbarn imponiert! Gut! Sollen sie einen König haben! Sollen sie sehen, wohin sie damit kommen!«

Er kannte die Tyrannei und den Größenwahn der Fürsten ringsum. Er wußte, was sie sich damit einhandeln würden. Unter seinen Ärger mischte sich die Angst, sein Volk zu verlieren. »Sie werden ihren Königen untertan sein wie alle andern, sie werden sich der Eigengesetzlichkeit aller Herrschaft ausliefern, sie werden sich mit anderen Völkern arrangieren, ihre Kriege mitkämpfen, ihre Götter anbeten. Meine Stimme wird für sie irgendeine Stimme werden, und der König wird bestimmen, auf welche Stimme man zu hören hat. Ich will nicht darauf verzichten, zu meinem Volk zu sprechen!«

Aber wie sollte er sich sein Mitspracherecht sichern? Wer sollte für ihn reden, wenn alle Ohren für sein Wort taub wären? Wer würde sich dann vor den König und vor das Volk hinstellen und sagen: So spricht Gott, der Herr? Gott erkannte wohl, wie gefährlich diese Aufgabe sein könnte, und daß sie kaum einer gern übernehmen würde.

»Aber ich brauche einen Sprecher, der das Unrecht aufdeckt und das Unheil ausruft, das sie sich selbst anrichten – damit ihnen die Augen aufgehen und sie begreifen, wer ihr Gott ist! Sie holen sich ihren König – ich rufe mir meine Propheten. Die werden mein Recht vertreten – und wenn ich sie zwingen muß!«

Nachdem sich Gott dazu entschlossen hatte, überlegte er, was er nun auf das Ansinnen seines Volkes erwidern sollte. Trotz seines Widerwillens entschied er sich, die Beauftragung des Königs selbst in die Hand zu nehmen. Er wollte es nicht einfach der Masse überlassen, einen Herrscher auf den Thron zu heben. »Wenn sie schon einen König haben müssen, dann sollen sie ihn von *mir* bekommen. *Mein* Gesalbter soll er sein. Ja, ich werde ihn sogar zu meinem Sohn erklären, damit eindeutig feststeht: Nach meinem Gesetz hat er zu regieren!«

15

So ließ sich also Gott darauf ein, seinem Volk einen König zu geben. Er war nicht recht glücklich dabei, und Saul, der erste Gesalbte Israels, bekam das zu spüren. Er verkraftete den plötzlichen Aufstieg nicht. Von heute auf morgen war er der große Mann geworden, hatte Siege errungen und Jubel geerntet, und mitgerissen vom Hochgefühl der neuen Macht wurde er zugleich kläglich unsicher. Mißtrauen und Eifersucht trieben ihn

um, er tobte, er versank in Schwermut, und Gott half ihm nicht. Saul verlor seine letzte Schlacht und tötete sich selbst.
Erst zu David empfand Gott eine tiefe Zuneigung. Schon lange bevor er König wurde, mochte Gott diesen jungen Burschen. Es rührte ihn an, wie er sich damals mit einer kleinen Mannschaft von heimatlosen Gesellen durch die Berge schlug, als Saul hinter ihm her war und seine Truppen auf ihn hetzte. Vielleicht war es diese Zeit der Flucht, in der Gott sich auf Davids Seite stellte und ihn lieb gewann. Jedenfalls hielt er zu ihm bis zu seinem Ende, durch alle Kämpfe und Krisen seiner Regierungszeit.
Nicht daß David von den Versuchungen der Macht unberührt geblieben wäre. Auch er war anfällig dafür. Einen seiner Krieger ließ er heimtückisch aus dem Weg räumen. Es sah so aus, als wäre er im Kampf gefallen. Aber der König hatte dies so eingerichtet. Er wollte die Frau des Getöteten besitzen. Da geriet Gott außer sich vor Zorn. Er rief seinen Propheten: »Es ist aus«, sagte er. »David hat seine Macht, zu der ich ihm verholfen habe, dazu mißbraucht, um mein Gesetz mit Füßen zu treten. Geh zu ihm, klage ihn an! Halte ihm vor Augen, was er getan hat!«
Als der Prophet die Stufen des Palastes hinaufstieg, dachte Gott: »Er wird nichts ausrichten können. David wird sich herausreden. Oder er wird den Kläger zum Schweigen bringen.« Aber so kam es nicht. Der König stellte sich dem Urteil. Er gab Gott recht und bekannte: »Ich bin schuldig.«
Diese bedingungslose Anerkennung seines Rechtsanspruchs wog für Gott schwerer als Davids Verbrechen, ja als alles, was er in seinem Leben erkämpft und erarbeitet hatte. Und auch das Volk, das diese Geschichte ebenso weitererzählte wie Davids Ruhmestaten, erkannte in ihm den Gesalbten des Herrn, der seine Macht von Gott empfing und vor Gott verantwortete.

Noch Jahrhunderte später hofften viele Israeliten darauf, daß ein König wie er die Macht ergreifen sollte, ein wahrhaftiger Sohn Gottes, der seinem Willen entsprach. Und Gott überlegte oft und redete auch mit seinen Propheten darüber, ob das nicht wirklich die Hilfe wäre, die sein Volk brauchte.
Denn nach David und seinem Sohn Salomo ging es mit Israel bergab. Das Reich zerfiel in zwei Teile, und viele Könige verwechselten ihre Aufgabe, als Söhne Gottes zu regieren, mit der Berechtigung, sich selbst wie Götter zu gebärden und das Recht nach ihrem Gutdünken zu verdrehen. So riß auch im Volk die Ungerechtigkeit ein: Die Reichen schlemmten auf Kosten der Armen, und wer keinen Einfluß auf die Richter hatte, verlor den Prozeß. Die Propheten hatten einen schweren Stand. Die Könige hörten kaum mehr auf sie und versuchten sie auszuschalten. Sie zogen sich ihre eigenen Hofpropheten, die ihnen nach dem Mund redeten.
Trotzdem riß die Kette derer, die ernsthaft nach Gottes Willen fragten, niemals ab. Kleine Gruppen sammelten sich um die Propheten, schrieben ihre Worte auf und gaben sie weiter. Und hin und wieder kamen auch Könige auf den Thron, die die fremden Götter aus den Tempeln warfen und sich über das Gesetz des Herrn belehren ließen. Die Überlieferung der Worte Gottes und der Geschichte seines Volkes wurde zu einer eigenständigen Bewegung, die nicht auszurotten war, auch wenn sie zu Zeiten im Untergrund verschwand. Diese Überlieferung hielt das Volk nach der Katastrophe am Leben.

16

Die Katastrophe kam, als die Völker im Osten die Welt eroberten und ihre Großreiche aufbauten. Die Assyrer zerschlugen das israelische Nordreich und verschleppten seine Bewohner. Jerusalem konnte sich mit dem Südreich noch über ein Jahrhundert halten – als Satellitenstaat des assyrischen Großkönigs. Aber dem Ansturm der Babylonier hielt es nicht mehr stand. Der Großkönig Nebukadnezar ließ dem letzten König auf Davids Thron die Augen ausstechen und das Volk in den Osten deportieren.

Alles schien verloren: das heilige Land, der Tempel des Herrn, der Thron Davids und damit die Hoffnung auf den Gesalbten, den Messias. Aber Gott gab sein Volk nicht auf. Im Gegenteil: Jetzt konnte sich erweisen, was mächtiger war, die Gewalt der Waffen oder die Erfahrung seines Volkes, daß er mit ihm gesprochen hatte.

Gott erlebte, wie die Israeliten gerade in der Gefangenschaft deutlicher denn je begriffen, daß seine Anrede sie zu einem heiligen Volk gemacht hatte. Was unter den Königen immer wieder mißlungen war, das gelang ausgerechnet hier, mitten in der Hochburg grandioser Religionen: Sie erfaßten ihre unverwechselbare Geschichte mit ihrem unverwechselbaren Gott. Das Gesetz wurde ihnen zum Unterscheidungsmerkmal: die Beschneidung, der Sabbat, die Reinheitsgebote. Die Gestirne, von den Babyloniern als Götter verehrt und befragt, erklärten sie zu simplen Lampen, die ihr Gott an das Himmelsgewölbe geschraubt hatte, damit die Menschen sich orientieren konnten.

Gott fand in dieser Zeit einen Propheten, der sich Gedanken darüber machte, welche Bedeutung das zerschlagene Gottesvolk für die Welt hätte. »Willst du der Welt zeigen, wie du Untreue bestrafst?« fragte der Prophet. »Nein«, antwortete Gott. »Wenn es mir um die Strafe ginge – sie haben doch schon mehr als genug gelitten.« »Aber alle Welt sagt: Sie werden von Gott geschlagen und gequält. Kein Volk ist jämmerlicher dran als dieses!« »Sie erleiden die Schmerzen aller andern. Die Krankheit der Welt und die Schuld der Menschheit lastet auf ihnen. Daran sind sie zusammengebrochen.« »Das verstehe ich nicht«, sagte der Prophet. Gott versuchte zu verdeutlichen, was er meinte: »Denk an die Propheten, die vor dir in meinem Namen geredet haben. Wie ist es ihnen ergangen?« »Man hat sie eingesperrt, gequält und getötet. Die Mächtigen hielten ihre Botschaft nicht aus.« »Ja«, sagte Gott, »die Mächtigen mußten sich rechtfertigen. Sie mußten demonstrieren, daß mein Prophet von Gott verlassen war. So bestraften sie ihn. Sie entlasteten sich auf Kosten meines Propheten. Von Anfang an entlasteten sich die Menschen, indem sie einen Schwachen suchten, dem sie alles aufhalsen konnten. Und jetzt verfahren die Starken mit Israel ebenso. Sie zerschlagen es und sagen: Wo ist nun dein Gott?«

Der Prophet dachte lange nach. »Herr«, sagte er, »eins verstehe ich nicht: Warum schlägst du die Mächtigen nicht?«

»Ich gebe die Hoffnung nicht auf«, antwortete Gott, »daß sie meine Sprache verstehen. Eines Tages werden sie begreifen, was sie tun. Daß sie *mich* treffen, wenn sie die Schwachen quälen, und daß ich nicht zurückschlage, sondern Frieden anbiete. Eines Tages werden ihnen die Augen aufgehen, und dann wird ihre Krankheit heilen.«

»Meinst du, sie werden es dann nicht mehr nötig haben, ihre Last auf andere abzuwälzen?«

Gott antwortete lange nicht. Dann sagte er zu seinem Propheten: »Doch, sie werden es nötig haben. Sie werden immer einen brauchen, der ihre Schuld trägt. Ich selbst werde es tun. Ja, ich werde ihnen ihre Last abnehmen.«

»Herr«, sagte darauf der Prophet, »was hast du dann mit deinem Volk vor? Wie lange soll es noch leiden?«

»Sieh dich um«, sagte Gott, »was sich unter den Mächtigen tut. Das babylonische Reich steht auf schwankendem Boden. Kyros, der Perser, bereitet den Umsturz vor. Er wird meine Leute heimkehren lassen in ihr Land.

Darum rede zu ihnen und sage ihnen, daß meine Treue nicht aufhört. Tröste sie und stärke sie, denn ihre Gefangenschaft wird bald zuende sein!«

17

Nach einem halben Jahrhundert in der Fremde kamen die Israeliten wieder in ihr Land. Mühsam bauten sie die verwüsteten Städte wieder auf, auch den Tempel ihres Gottes in Jerusalem. Aber diejenigen, die ein neues Reich wie zur Zeit Davids erwartet hatten, wurden enttäuscht. Das Volk Gottes fristete in den folgenden Zeiten ein bescheidenes Leben am Rand des Weltgeschehens, und als es mit den Persern zuende ging, gerieten sie in den Strudel der Kriege, die die Eroberer gegeneinander führten. Alexander von Makedonien bezwang die östliche Welt, und seine Nachfolger plünderten die Städte und schändeten den Tempel. Mehrmals versuchten die Israeliten sich zu wehren, sie wurden aber brutal zusammengeschlagen.
Schließlich bekämpften sich die Unterdrücker gegenseitig so blutig, daß das unterdrückte Volk etwas Luft bekam. In dieser Zeit gab es sogar wieder Könige in Israel, aber auch sie kämpften gegeneinander, Bruder gegen Bruder, und hetzten die verfeindeten Parteien des aufgewühlten Volkes gegeneinander auf, um dem Rivalen den Thron zu rauben.
So bot das Volk Gottes in sich ein deprimierendes Abbild dessen, was sich ringsum unter den Völkern abspielte, und Gott fragte sich, wozu er eigentlich ein Volk unter vielen ausgesondert hatte, wenn doch der mörderische Streit der Brüder hier ebenso wütete wie draußen.
Schließlich rissen die Römer die Weltherrschaft an sich. Pompejus belagerte Jerusalem, zerschlug die Mauer, die den Berg Zion schützte, metzelte die Verteidiger nieder

und drang in das Heiligtum ein. Fortan war Israel von den Römern abhängig, und wer politischen Einfluß gewinnen wollte, mußte sich mit den Siegern gutstellen.

18

Viele unter den Frommen litten schwer darunter, daß Gottes Volk so gedemütigt worden war. Sie flehten Gott an, er möge endlich den Messias schicken, um die Machthaber in ihre Schranken zu weisen. Aber Gott selbst war von etwas anderem weit mehr beunruhigt als vom politischen Niedergang. Er sah, daß sich die Krankheit der Welt, die er doch heilen wollte, in seine eigene Gemeinde eingeschlichen hatte und sogar die Frömmigkeit derer, die ihn besonders liebten, vergiftete. Es wäre sinnlos gewesen, Davids Reich wieder aufzurichten. Gerade die Gesetzestreuen hätten daraus ein Mordinstrument gemacht und ihren Brüdern das Leben abgeschnitten, wie sie es jetzt schon taten.
»Wie kommt es nur«, fragte Gott, »daß sie mein Gesetz dazu hernehmen, um andere zu demütigen, abzuwerten, auszustoßen? Ich dachte, meine Gebote würden ihnen zum Leben helfen. Stattdessen machen sie moralische Leistungen daraus, die sie berechtigen, andere zu treten – in meinem Namen! Ich wollte ihnen Richtlinien geben, weil ich sie liebe und damit sie einander lieben. Aber nun sagen sie zu ihrem Nächsten: Schau mich an! Ich erfülle das Gesetz. Ich schaffe sogar noch mehr, als das Gesetz verlangt! Mich liebt der Herr. Dich verabscheut er. Du übertrittst die heiligen Gebote. Du bist ein Sünder. Ich will mit dir nichts zu tun haben. Bleib mir vom Leibe, Verdammter!«
Je länger Gott darüber nachdachte, desto wütender wurde er. »Sie kennen mich nicht!« rief er aus. »Sie haben mein Gesetz auswendig gelernt und mich übersehen. Sie machen aus mir einen gnadenlosen Tyrannen,

der nur fordert und straft, Lasten aufhalst und ängstigt. Und nun werfen sie ihre Last auf die Schwachen, wie sie nach den Aussätzigen Steine werfen, und stoßen sie aus ihrer Gemeinschaft aus. Sie pflegen ihr gutes Gewissen auf Kosten der Versager, der Verwirrten, der Kranken. Haben sie denn vergessen, wie ich zu meinem Volk gehalten habe, als es versagt hatte und verwirrt und todkrank gewesen war?«
»Wie soll ich ihnen zeigen, wer ich wirklich bin?« fragte Gott. »Ich habe mit ihnen geredet. Sie haben meine Worte aufgeschrieben und können sie lesen. Sie hören meine Stimme in ihren Gottesdiensten. Ist das nicht deutlich genug? Habe ich ihre Sprache nicht gründlich genug gelernt?»
Gott überdachte noch einmal den bisherigen Weg, den er mit seinem Volk gegangen war, angefangen bei Abraham. Damals hatte er sich vorgenommen, mit den Menschen zu reden wie eine Mutter mit ihrem Kind oder wie ein Mann mit seiner Geliebten. »Mehr als Worte«, sagte Gott vor sich hin. »Sie werden meine Sprache verstehen, wenn sie mich selbst sehen, hören, fühlen können. Ja, wie ein Mensch mit einem andern spricht und selber ganz dabei ist mit seinem Körper und mit seiner Seele, so muß ich ihnen begegnen. Als ein Mensch muß ich sie aufsuchen. So werden sie erfahren, wer ich bin und wie sehr ich sie liebe.«
Mit einemmal fühlte Gott eine Angst, wie er sie vorher nicht gekannt hatte. Wie, wenn sie ihn übersehen würden? Wenn sie zu ihm sagen würden: Was willst du, Mensch? Du bist ein Teufel, wenn du so tust, als wärest du Gott! Wie kommst du dazu, unseren Gott, den wir kennen, Lügen zu strafen? – Was, wenn sie ihn ausstoßen würden, wie sie die Irren und die Sünder ausstießen?
Gott überlegte hin und her, ob es dagegen ein Mittel gäbe. Sollte er sich legitimieren, etwa durch ein Wunder, das kein Mensch sonst zustande brächte? Ein winzi-

ges Element seiner Allmacht demonstrieren – sie würden ihm zu Füßen liegen, ihm huldigen – wie sie den Tyrannen die Füße leckten – o nein! Sonst hätten sie wieder einen Gott nach Wunsch, lückenlos eingefügt in ihr krankes System, einen Messias nach ihrem Bild: der der Gewalt der Mächtigen noch mehr Gewalt entgegensetzt, der Schrecken verbreitet, in dessen Schatten keine Liebe und kein Vertrauen wachsen können.

»Ich riskiere es«, sagte Gott. »Ich riskiere, daß sie mich übersehen, verteufeln, zertreten. Es gibt keinen Weg, ihr Vertrauen zu gewinnen, an diesem Risiko vorbei. Ich werde mich ihnen ausliefern als ein Mensch unter Menschen. Und nichts als meine leidenschaftliche Liebe zu ihnen soll mich als ihren Gott ausweisen. Ich werde sie den Schwachen erweisen und den Starken, und wenn sie mich anfeinden, werden sie meine Liebe nicht auslöschen können. Daran sollten sie erkennen, daß ich ihr Gott bin, und daß ich anders bin als der Götze, den sie aus mir machen.«

Und Gott erinnerte sich an das Gespräch, das er während der Gefangenschaft seines Volkes mit seinem Propheten geführt hatte. Er wiederholte in Gedanken, was er damals gesagt hatte: »Sie brauchen einen, der ihre Schuld trägt. Ich werde es tun.«

19

Während der römische Kaiser Augustus von seinem Weltreich eine Bestandsaufnahme machen ließ, kam in Bethlehem in einer Unterkunft ein Kind zur Welt. Seine Mutter gab ihm den Namen Jesus.

Er ist es, in dem sich Gott selbst verkörperte, um menschlich mit uns zu reden. Seine Liebe zu uns ist Gottes Liebe, und seine Leidenschaft ist Gottes Leidenschaft. In seinem Zorn entlud sich Gottes Enttäuschung, und seine Angst und Schmerzen quälten Gott. So wie

Jesus mit den Menschen umging, geht Gott mit uns um, und weil Jesus zu uns hält, sind wir Gott willkommen.

20

Als Jesus dreißig Jahre alt war, nahm er mit Johannes Kontakt auf. Johannes war Gottes Prophet. Er kündigte die Wende an: »Bald wird sich Gott bei uns durchsetzen. Er wird den Regierungsauftrag des Königs Israels selbst durchführen. Was jetzt als unumstößlich gilt, wird ins Wanken kommen. Stellt euch darauf ein!«
Viele hörten auf ihn und ließen sich von ihm im Jordan untertauchen. Das war das Zeichen, daß der bevorstehende Umbruch auch ihr persönliches Leben betraf: Das Alte wurde weggeschwemmt. Nun konnte Neues beginnen.
Auch Jesus ließ sich von Johannes ins Jordanwasser tauchen. Als er aus dem Fluß herausstieg, hörte er, wie Gott zu ihm redete: »Du bist mein Sohn. Dich liebe ich. Du entsprichst meinem Willen. Mein Geist ist dein Geist, und deine Seele ist meine Seele.« Da wußte Jesus, daß er dazu geboren war, daß die Welt durch ihn Gottes Wirklichkeit erfahren sollte.
Er verließ Johannes und die andern, die um ihn standen. Es trieb ihn in die Wüste, wo er allein war. Er dachte nach.
»Du bist Gottes Sohn«, wiederholte er Gottes Worte. »Du sollst Gott vor Israel vertreten. Werden sie dir glauben? Werden sie dich anerkennen? Wenn sie nicht wahrhaben wollen, wer du bist, ist alles umsonst.«
Viele Tage und Nächte blieb Jesus in der Wüste, ohne etwas zu essen. Er spürte den Hunger, und die Angst packte ihn. »Du brauchst Anerkennung, so nötig wie Brot. Jeder Mensch lebt davon, daß man ihn gelten läßt. Wie willst du leben, wenn dich keiner achtet?«
Irgendwoher kam eine Stimme, ein Gedanke, der ihm

durch den Kopf schoß: »Du bist Gottes Sohn! Dein Vater hat dich mit Kräften ausgestattet, die kein anderer Mensch in dieser Fülle besitzt. Du hast es in der Hand, dir die Geltung zu verschaffen, die du brauchst. Spiele den Messias, den sie sich erträumen. Entsprich ihrem Bild – sie werden dich in den Himmel heben. Sie hungern nach deiner Macht, nach Sicherheit, nach einem Zeichen, daß du wirklich ihr Mann bist. Füttere sie, und die Herrschaft Gottes liegt in deiner Hand!«
Jesus zitterte. Seine Gedanken jagten einander. Es klang so folgerichtig, was die Stimme sagte. Und doch sträubte sich etwas in ihm dagegen, sagte ihm: Du verlierst alles, wenn du dich ihren Wünschen anpaßt: Du verlierst dich selbst, dein Volk, und deinen Gott.«
Ein Satz kam ihm in den Sinn, den er in den heiligen Schriften gelesen hatte: »Der Mensch lebt nicht allein vom Brot, sondern davon, daß Gott mit ihm redet.«
»Vater, rede mit mir!« – Er bat Gott, wie ein Kind seinen Vater bittet. »Ich habe Angst, daß mich keiner versteht, daß sie mich ausschließen und verlachen. Aber ich will ihrem Bild nicht entsprechen. Sie sollen mich nicht zu ihrem Götzen machen. Vater, rede mit mir!«
»Du bist mein Sohn«, sagte Gott. »Du entsprichst meinem Willen. Ich liebe dich und ich stehe zu dir, was auch kommt. Ich werde dich anerkennen und bestätigen.«

21

Da verließ Jesus die Wüste, und seine Gedanken wurden klar. Bald begann er, den Leuten die Nähe seines Vaters anzukündigen: »Jetzt ist es soweit, wie Johannes gesagt hat: Gott selbst ist unter euch. Er will sich durchsetzen mit seiner Liebe, damit ihr leben könnt. Ihr braucht euch nicht mehr an trügerische Hoffnungen hängen. Laßt los, was doch nicht trägt! Hier ist Gott, euer Vater. Ihm könnt ihr vertrauen.«

Die ersten, die aufhorchten, als sie ihn so reden hörten, waren die Kranken, die Aussätzigen, die Behinderten. Sie klammerten sich an ihn – sonst hatten sie ja keine Hoffnung – denn sie wußten: Wenn Gott sich durchsetzt, dann werden wir gesund.
Wenn sie Jesus nachliefen und um Hilfe schrien, schüttelte ihn die Wut über das Elend, das Menschenleben verdarb, und er riß die Gestörten aus dem Gefängnis ihrer Seele und befreite die Lahmen, Blinden und Unreinen von ihren Krankheiten. Das sprach sich bald herum, und so kamen immer mehr Leute zu ihm, die einen aus Neugier, andere aus Hoffnung. Ihnen allen erklärte er, daß Gott sich jetzt selbst an die Arbeit gemacht habe, um das Verdorbene zu heilen.

22

Die meisten verstanden allerdings nicht, wie er das meinte. Darum suchte sich Jesus einen Kreis von Mitarbeitern, die ihn begleiten und bei seiner Aufgabe unterstützen sollten. Ihnen wollte er zeigen, wer er war, und sie sollten begreifen, was Gott durch ihn tat.
Zwölf Männer rief er in seine Gefolgschaft, nach der Zahl der zwölf Stämme Israels. Es waren sehr verschiedenartige Gestalten, die zwölf: ein paar Fischer, einige Radikale, auch ein Zolleintreiber gehörte dazu. Aber sie gingen alle mit ihm und ließen alles zurück, was vorher ihr Leben ausgemacht hatte.
Auch die Zwölf verstanden ihn zunächst nicht. Die einen hofften, daß Gott mit der Wucht seiner Allmacht vom Himmel her durchgreift, die anderen wollten ihr Volk mit Waffengewalt von den Unterdrückern befreien. Jesus erklärte ihnen, daß sich sein Vater nichts von derartigen Machtmitteln versprach, sondern alle Hoffnung darauf setzte, den Menschen menschlich zu begegnen: »Ihr seht dieses Senfkorn. Es ist klein. Man kann es

fast übersehen. Aber ihr wißt, daß daraus ein großer Busch wächst, in dem sogar die Vögel nisten. Auf diese Weise will sich Gott, euer Vater, unter euch durchsetzen.«

23

Die ersten Freunde, die Jesus gewann, das waren Menschen, mit denen die gute Gesellschaft nichts zu tun haben wollte, zum Beispiel Zollpächter, die aus der politischen Misere ihres Volkes profitierten, oder Mädchen aus den Bordellen der römischen Besatzung. Jesus setzte sich gern mit solchen Leuten zusammen. Er mochte sie, und es begeisterte ihn, daß gerade sie sich mit ihm anfreundeten und ihn einluden.
»Vater«, sagte er in solchen Augenblicken, »ich bin so froh darüber: Die klugen Leute mit dem gesunden Charakter und dem festen Glauben haben noch nichts begriffen, aber die Abgerutschten und Verdorbenen erleben deine Freundlichkeit. So wolltest du es ja! Das herzlose Gefüge von Dazugehören und Draußenbleiben ist durcheinander geraten. Jetzt erlebe ich, daß du in mir wirkst!« – Und dann setzte er sich zu ihnen, und sie aßen, tranken und feierten.
Auch das sprach sich bald herum, und alle, die sich für das geistliche Wohl ihres Volkes verantwortlich fühlten, machten sich ernsthafte Sorgen. Hatten sie schon Jesu Heilungen skeptisch zur Kenntnis genommen und sich gefragt, ob hier nicht Teufelskunst im Spiel sei, so sahen sie sich durch seine zweifelhafte Gesellschaft nun wirklich genötigt, energisch einzuschreiten. So tauchten sie also eines Tages auf, Theologen, Priester und Gesetzestreue, und sahen sich den Skandal an. Da saß der Mann, der im Namen Gottes Kranken half, mitten in einer Horde höchst fragwürdiger Figuren und strahlte vor Freude.

Sie nahmen einige seiner Mitarbeiter beiseite und fragten sie: »Warum pflegt denn euer Meister den Kontakt mit gottlosem Gesindel? Weiß er denn nicht, was für Typen das sind?«
Jesus bemerkte ihre saueren Gesichter und rief ihnen zu: »Warum ärgert ihr euch? Die hier sind doch auch alle Abrahams Nachkommen und damit Erwählte Gottes. Müßt ihr nicht glücklich sein, daß sie endlich erfahren, daß Gott sie willkommen heißt?«
Die verantwortlichen Vertreter Israels starrten Jesus mißtrauisch an.
Da lief er zu ihnen hinüber und versuchte es ihnen zu verdeutlichen: »Sagt selber: Freut ihr euch nicht, wenn ihr etwas verloren habt und ihr findet es wieder? Könnt ihr euch in einen Hirten versetzen, dem ein Schaf abhanden gekommen ist – was tut er? Seine ganze Herde läßt er im Pferch und sucht nach dem einen, bis er es gefunden hat. Könnt ihr euch seine Freude vorstellen? Oder denkt an eine Frau, die plötzlich eine wertvolle Münze aus ihren Ersparnissen vermißt – wird sie nicht mit ihren Freundinnen feiern und lachen, wenn sie wieder gefunden hat, was ihr gehört? Oder wenn euch ein Sohn davonläuft und ihr fürchtet, ihn nie mehr zu sehen – und eines Tages kommt er doch wieder nach Hause – ist es euch dann noch wichtig, was er in den Jahren alles verpfuscht hat? Feiert ihr nicht auch ein Fest und seid glücklich, daß ihr ihn gesund wieder habt? Genau so freut sich Gott über jeden, den er mit seiner Liebe wieder erreicht. Genau so freue ich mich, daß diese Menschen meine Freunde geworden sind. Kommt, freut euch mit mir!«
Die Theologen, Priester und Gesetzestreuen antworteten kein Wort. Sie gingen davon und ließen Jesus stehen. Das tat ihm weh. Warum wollten sie ihn nicht verstehen? Warum gönnten sie Gott nicht, daß er glücklich war?
Sie hatten ihm den Rücken gekehrt. Sie würden es nicht

dabei belassen. Sie würden ihm den Kampf ansagen. Sie würden alles versuchen, um diesen Einbruch der Liebe Gottes zu unterbinden – im Namen Gottes, für dessen Gesetze sie sich verantwortlich fühlten.

24

Bald danach rief Jesus seine Mitarbeiter zusammen und sagte ihnen: »Eines ist sicher: Wenn eure Lebenseinstellung nicht mehr taugt als die Ethik der Theologen und die Moral der Gesetzestreuen, dann seid ihr nicht beteiligt, wenn Gott sich durchsetzt!« Einer fragte zurück: »Wie kann denn jemand die Gesetzestreuen übertreffen? Es gibt doch niemanden, der das Gesetz so genau nimmt wie sie. Und sie erfüllen sogar noch mehr, als die Gebote verlangen!« Jesus erläuterte, wie er es meinte: »Ihr habt gelernt, daß Gott seinem Volk geboten hat: ›Du sollst nicht morden. Wer aber Leben zerstört, der wird vor Gericht zur Rechenschaft gezogen.‹ – Nun sagen die Gesetzestreuen: ›Wir sind keine Mörder. Wir halten die Gebote. Wehe allen, die sie übertreten!‹ Habt ihr gesehen, welchen Abstand sie von unseren Freunden gehalten haben, um sich nicht mit ihrer Sünde zu beschmutzen? Ein Mensch kann einem andern das Leben zerstören, nicht indem er ihn anrührt, sondern indem er die Finger von ihm läßt. Darum sage *ich* euch: Wer seinen Bruder spüren läßt, daß es besser wäre, wenn es ihn nicht gäbe, der muß sich dafür verantworten; und wer seinem Bruder erklärt: Du bist bei Gott und den Menschen abgeschrieben! – den zieht Gott zur Rechenschaft.«
Die Männer blickten ihren Meister mit funkelnden Augen an: »Jetzt haben wir begriffen, wer die eigentlichen Feinde Gottes sind!« riefen sie. »Gib uns nur das Kommando: Wir sammeln deine Freunde, organisieren sie und beginnen den Kampf gegen diese Heuchler!« Andere schlugen vor: »Oder sollen wir Gott bitten, daß er

selbst mit einem Blitz aus dem Himmel alle seine Gegner vertilgt?«
»Was redet ihr da?« fauchte Jesus sie an. »Habt ihr nicht begriffen, welchen Sinn euer Leben hat, wenn ihr mit mir geht? Ihr wollt die Gesetzestreuen aburteilen, genau so wie sie die Zöllner und Huren aburteilen, und ebenso wird sich jemand finden, der euch dafür aburteilt. So habt ihr es gelernt: Auge um Auge, Zahn um Zahn, Verletzung um Verletzung – eine endlose Kette. *Ich* sage euch, daß ihr euern Gegnern nicht mit gleicher Münze heimzahlen sollt. Es bleibt die gleiche Münze, auch wenn *ihr* sie benützt. Darum hört zu: Wenn euch einer beleidigt oder schlägt oder zum Streit herausfordert, dann verleitet er euch dazu, es ihm gleich zu tun: Ihr schlagt zurück, und alles bleibt beim alten. Das Gesetz von Schlag und Gegenschlag hat sich durchgesetzt. Wenn ihr ihm aber stattdessen noch mehr Angriffsfläche bietet, so beteiligt ihr euch an dem Frieden, mit dem sich euer Vater unter den Menschen durchsetzen will.
Ich weiß, bisher habt ihr gelernt, euern Freund zu lieben und euern Feind zu hassen. *Ich* aber lehre euch eure Feinde lieben. Ihr seid zum Segen da, auch für die, die euch verwünschen. Darum tut ihnen wohl, gerade wenn sie euch beleidigen und euch nachstellen. Ihr seid das Salz der Erde. Wenn das Salz seine Eigenart verliert – womit soll Gott seine Schöpfung würzen, so daß sie ihm schmeckt? Ihr seid das Licht der Welt. Wenn das Licht wieder erlischt, kaum daß es angezündet wurde – wie sollen sich die Menschen orientieren und Gottes Eigenart wahrnehmen?«
Die Freunde hockten im Kreis und wußten nicht recht, was sie sagen sollten. Jesus merkte, daß seine Anweisungen sie verwirrten. Was ihm so klar und einfach erschien, war ihnen fremd und neu. Sie gaben sich alle Mühe, sie bewunderten ihn, sie liebten ihn – aber alles im Rahmen der uralten Selbstverständlichkeiten, die

das menschliche Handeln bestimmten und keinen Platz ließen für Gottes Gedanken. Ich werde sie nicht vor der Krise bewahren können, wenn sie den Weg mit mir zuende gehen, erkannte Jesus. Eines Tages wird ihr Lebensgerüst, an dem sie sich festhalten, einstürzen. Auch ihre Begeisterung für mich und für die Pläne meines Vaters wird dann zusammenbrechen. Sie werden an mir und an sich selbst verzweifeln, sie werden mich hassen und verraten, sie werden mich verwünschen und sich von mir lossagen. Und ich werde ihnen nicht beistehen können, wenn das Alte zerschellt.

»Hört mir zu!« rief Jesus, »ich muß euch etwas fragen: Ich habe euch aus euren Familien und aus euren Geschäften herausgerufen, und ihr habt alles zurückgelassen und geht seitdem mit mir. Wollt ihr weiter dabei sein? Ich stelle es euch frei. Oder wollt ihr weggehen? Ich nehme es euch nicht übel. Es ist gefährlich, mit mir zu gehen, und ich garantiere euch nicht, daß ihr es übersteht. Also, was wollt ihr tun?«

Einen Augenblick schwiegen die Leute, als wollten sie sagen: Wie kannst du so etwas von uns denken? Dann ergriff Petrus das Wort: »Ich weiß nicht, wo in der Welt ich etwas finden soll, was dir gleichkommt. Seit ich dich kenne, kenne ich Gott. Für dich würde ich auch sterben.«

Und alle bestätigten: »Ja, so geht es uns auch.«

Jesus sah sie an, und er war froh, Freunde zu haben und ihre Liebe zu spüren, obwohl er wußte, daß sie mehr versprachen, als sie halten konnten. »Kommt mit«, sagte er, »ihr werdet es mit mir erleben, wie Gott seinen alten Tempel abreißt und sich ein neues Haus baut, das er sich selbst einrichtet, wie es ihm gefällt.«

25

In der folgenden Zeit legte es Jesus darauf an, mit den Vertretern des Gottesgesetzes ins Gespräch zu kommen. Er konnte die Hoffnung noch nicht aufgeben, daß sie den heilsamen Sinn der Gebote Gottes begriffen. So provozierte er sie immer wieder, indem er sich zum Beispiel am Sabbat mit Kranken abgab und sie gesund machte.

Die Theologen protestierten sofort: »Er mißachtet das heilige Gebot, das am Sabbat jede Arbeit verbietet!«

Solche Angriffe kamen Jesus gelegen: Argumentierten die Gegner mit Bibelauslegung, so konterte er mit eben derselben Bibelauslegung: »Kümmert ihr euch noch um das Sabbatgebot, wenn euch ein Tier in den Brunnen fällt? Zieht ihr es nicht sofort heraus? Habt ihr nicht sogar euere Sonderregelungen für solche Fälle? Recht habt ihr damit! So könnt ihr euch gewiß vorstellen, daß Gott ein leidender Mensch noch wichtiger ist als ein ertrinkendes Tier! Ja, so hat Gott, euer Vater, seine Gebote gemeint: Er hat sie für die Menschen gemacht und nicht die Menschen für die Gebote. Geht euch das nicht ein, ihr Fachleute des Gotteswillens?«

Es gab einige unter den Gesetzestreuen, die sich ein objektives Bild von ihm machen wollten. So lud ihn zum Beispiel ein gewisser Simon zu einer Gesellschaft in sein Haus ein – nicht wie einen Freund, sondern mit Abstand und wohlüberlegter Höflichkeit, denn er wollte ja, wie gesagt, objektiv urteilen.

Als sie so beisammen saßen, kam plötzlich eine Frau ins Haus gelaufen und stellte mit Jesus etwas an, was auf den frommen Simon und all seine Gäste höchst peinlich wirkte: Sie kniete bei Jesus nieder, weinte, daß ihre Tränen über seine Füße tropften; sie wischte die Tränen mit ihren langen Haaren ab und küßte Jesus die Füße.

Impulsiv wollte Simon das Weib zunächst aus dem Haus jagen, zumal er wußte, daß sie eine stadtbekannte Hure war, die in seiner Nähe nichts zu suchen hatte. Aber dann beherrschte er sich: Das war die Gelegenheit, um Jesus zu testen. Würde er merken, mit welcher Art Frau er es zu tun hatte? Würde er die Konsequenzen ziehen

und sich das Theater verbitten? Dann könnte der Mann immerhin ein Prophet sein. Wenn aber nicht . . .
Jesus überlegte, wie er diesem Menschen erklären könnte, was hier vorging. Der sah Gott vermutlich als einen großen Buchhalter, der Sünden zusammenzählt und gegen gute Taten verrechnet. Wie könnte er etwas von Liebe und Gegenliebe begreifen?
»Simon«, sagte Jesus, »ich möchte mit dir reden«.
»Bitte!« sagte der Fromme.
»Stell dir vor, du hast an zwei Leute Geld verliehen. Einem hast du fünfhundert Silberstücke gegeben, dem zweiten fünfzig. Nun kommen sie beide und können nichts zurückzahlen. Du hast ein Herz und schenkst ihnen ihre Schuld. Was meinst du: Welcher wird dich mehr lieben von den zweien?«
Simon überlegte nicht lange: »Natürlich der erste. Ich habe ihm ja zehnmal so viel erlassen wie dem zweiten!«
»Genau!« bestätigte Jesus. »Du begreifst also den Zusammenhang von Liebe und getilgter Schuld. Nun vergleiche einmal, wie mir diese Frau ihre Liebe gezeigt hat, und wie du sie mir gezeigt hast. Du hast mich eingeladen, aber du hast mir kein Wasser gereicht, um mir die Füße zu waschen. Diese Frau hat meine Füße mit ihren Tränen benetzt und mit ihren Haaren abgetrocknet. Du hast mich höflich begrüßt, aber umarmt oder geküßt hast du mich nicht. Sie hat unaufhörlich meine Füße geküßt. Merkst du, was da geschieht? Du kannst mich nicht so inbrünstig lieben wie sie, denn du bist ein gewissenhafter Diener der Gebote Gottes: Du bleibst Gott wenig schuldig, Gott muß dir wenig vergeben, und er hat es deshalb schwer, deine Liebe zu gewinnen. Bei dieser Versagerin hatte es Gott leichter: Er konnte ihr viel vergeben – du siehst es daran, daß sie so verschwenderisch liebt.«
»Wer sagt denn, daß der Allmächtige ihr vergeben hat?« Argwöhnisch klang diese Frage. Aber auf die Art, wie Jesus darauf antwortete, war keiner gefaßt. Jesus

wandte sich der Frau zu: »*Ich* sage es dir: Deine Schuld ist vergeben.«
Empörung stand in den Gesichtern aller, die dies hörten: »Was maßt sich dieser Mensch an? Nur Gott kann von Sünden lossprechen!«
Und bei Simon, der Jesus eingeladen hatte, mischte sich zu dem heiligen Schock ein Schuß Erleichterung: »Wäre ich doch fast diesem Scharlatan auf den Leim gegangen. Gott sei Dank: Nun hat er sich selbst entlarvt!«

26

So ging es Jesus oft mit den frommen Leuten. Sie ließen sich wohl auf die Diskussion theologischer Probleme ein, aber sobald er aufhörte, darüber zu reden und anfing, Gottes Gedanken einfach zu tun, zogen sie sich auf ihre Theologie zurück und wollten es ihm nicht erlauben.
»Woher sollen wir wissen«, sagten sie, »daß du berechtigt bist, dich wie der Allmächtige selbst zu gebärden, Sünden zu vergeben und Gesetze umzudeuten? Legitimiere dich durch ein Zeichen, ein Wunder, das die Gesetze der Natur durchbricht. So könntest du uns beweisen, daß der Weltschöpfer dich bevollmächtigt hat.«
Erregt erwiderte Jesus: »Habt ihr keine Augen und Ohren, um zu sehen und zu hören, was hier mitten unter euch geschieht? Seid ihr blind und taub für die Nähe Gottes? Was fordert ihr Garantien? Ihr werdet kein Zeichen bekommen. Wenn ihr nicht seht, was vor Augen liegt, wird auch ein Zauber vom Himmel euch nicht umstimmen.«
»Es wäre deine Chance gewesen«, sagten die Theologen. »Wir müssen uns vergewissern, ob jemand von Gott beauftragt ist oder nicht. Sonst könnte ja jeder kommen und Gottes Willen nach seinem Gutdünken verdrehen.«

Solche Auseinandersetzungen trafen Jesus jedesmal hart. Enttäuscht lief er dann aus der Ortschaft hinaus, setzte sich irgendwo an den Wegrand und starrte vor sich hin. Seine Freunde konnten ihn nicht aufmuntern.
»Wie oft soll ich es noch versuchen mit ihnen!« rief er, und seine Augen wurden naß. »Ich komme mir vor wie ein Huhn, das seine Küken unter die Flügel lockt, aber sie wollen nicht! Wie ein Kind komme ich mir vor, das bei seinen Kameraden abblitzt, gleich welches Spiel es auch vorschlägt: ›Kommt, spielen wir Beerdigung!‹ – ›Ach, das ist uns zu traurig!‹ – ›Oder spielen wir Hochzeit!‹ ›Ach, das ist uns zu lustig!‹
Warum machen gerade sie nicht mit? Sie haben doch Gottes Willen studiert. Sie müßten doch die ersten sein, die ihres Gottes Fest mitfeiern! Die Tische sind gedeckt, Gott freut sich auf seine Gäste – und alle sagen ab. Aber er wird sich nicht damit abfinden. Aus allen Himmelsrichtungen wird er sich Gäste besorgen, die an seinem Tisch sitzen! Er wird keine Ruhe geben, bis sein Haus voll ist.«

27

Je länger sich Jesus mit den Gesetzestreuen und Theologen auseinandersetzte, desto unechter kamen ihm ihre Anfragen vor. Anfangs hatte er ihnen noch Unsicherheit oder offene Skepsis abgespürt. Auch schienen einige wirklich an seiner Lehre interessiert zu sein. Jetzt aber übertrieben sie allzu deutlich ihre Ehrfurchtsgebärden, nannten ihn einen Gottesmann und lobten seine Wahrheitsliebe. Dann brachten sie ein Problem vor, so als ob sie selbst nicht damit zurechtkämen und die Entscheidung des Meisters suchten.
Jesus sagte ihnen ins Gesicht, was er von diesem Theater hielt. Er wußte, daß sie nur deshalb mit ihm debattierten, um ihm aus seiner Antwort einen Strick zu drehen.

So war es auch, als sie seine Stellung zur Steuer wissen wollten, die der römische Staat einzog: »Ist es wohl der Wille des Höchsten, daß sein heiliges Volk dem Kaiser Steuern bezahlt?« Jesus durchschaute die Falle, die sie ihm stellten. Er sollte sich die Sympathien verscherzen, entweder bei den Radikalen oder bei den Etablierten, je nachdem, ob er »ja« oder »nein« antwortete. Aber wie sehr ihn diese Heuchelei auch ärgerte, so reizte es ihn doch, der Frage ihren ernsthaften Sinn zurückzugeben, aller Falschheit der Fragenden zum Trotz.
»Gebt mir eine Steuermünze!« rief er. Jemand brachte ihm ein Geldstück. Er sah es an. Das Bild des Kaisers war darauf geprägt. Sein Name stand darunter.
»Laßt doch dem Kaiser, was ihm zusteht!« sagte Jesus. Hinter ihren starren Gesichtern spürte er düstere Befriedigung. Die Falle ist zugeschnappt, dachten sie.
Warum haßten ihn diese Männer, die sich so besorgt zeigten, daß Gott zu kurz kommen könnte? Warum hielten gerade sie es nicht aus, daß Gott jetzt bekam, was ihm gehörte: die Verlorenen und Abgeschobenen seines Volkes?
»Gebt dem Kaiser zurück, was er gemacht hat und was ihm zusteht. Aber gebt auch Gott zurück, was er gemacht hat, und was ihm zusteht!« sagte er.
Aber die Leute, die er anredete, waren mit ihren Gedanken schon anderswo. Sie überlegten, wie sie diesen Mann ausschalten konnten.
Schweren Herzens gestand sich Jesus ein, daß es keinen Sinn mehr hatte, um diese frommen Eiferer des Gottesgesetzes zu werben und sie von der Liebe des Vaters zu überzeugen. Es mußte wohl auch ihnen erst alles zerfallen, worauf sie sich stützten. Ohne es zu wissen, bereiteten sie ihren eigenen Zusammenbruch vor: Sie suchten nach gesetzlich gültigen Wegen, den Sohn Gottes zu beseitigen. Mußten sie da nicht scheitern?
Jedenfalls ging Jesus zum Angriff über. Er entlarvte in scharfen Anklagen die Fäulnis ihrer Frömmigkeit:

»Gottes Urteil werdet ihr nicht ertragen, ihr Theologen und Gesetzestreuen! Noch könnt ihr die Augen schließen und eine Lüge durch die andere verdecken. Aber Gott wird euch offenbaren, was ihr seid – ich sage es euch: übertünchte Gräber, außen mit gefälliger Farbe gestrichen, aber innen erfüllt vom Gestank verwesender Leichen! Ihr verzichtet auf Gottes Liebe, meint, sie nicht nötig zu haben, und die sich nach Gottes Güte sehnen, sperrt ihr aus. Stattdessen häuft ihr ihnen Lasten auf, die euch selbst zu schwer drücken. Das Urteil eures Gottes, den ihr gnadenlos gemacht habt, werdet ihr nicht ertragen!«
Dies rief Jesus seinen Gegnern nach, und er wußte, daß er sie damit noch tiefer in ihren wahnwitzigen Versuch hineintrieb, Gottes Zugriff abzuwehren. Er wußte jetzt, daß ihr starres Lebensgerüst, wenn überhaupt, so durch ihre eigene Rebellion zum Einsturz gebracht würde. Erst dann, wenn ihre Schuld offen vor Augen lag, würde auch die Liebe Gottes sie erreichen können.

28

So rechnete Jesus also damit, daß die maßgeblichen Männer in Jerusalem seinen Tod planten. Eines Tages würden sie ihn verhaften, aburteilen und hinrichten. Aber Jesus wollte sich ihnen noch nicht ausliefern. Er brauchte noch Zeit. Er wollte Gottes Güte noch mehr Menschen sagen und erweisen, all denen, die nicht darauf gefaßt waren, Gott willkommen zu sein. Und er wollte seine Freunde vorbereiten auf die Krise, auf die Nacht des Zusammenbruchs, und auf das Leben danach. So ging er seinen Gegnern aus dem Weg, besuchte die kleinen Dörfer und Städte im Norden, heilte Kranke und erzählte ihnen von seinem Vater.
Oft saß er mit dem engeren Kreis seiner Freunde zusammen. Er führte sie in seine eigene Art des Betens ein

und ermutigte sie, Gott ohne viele heilige Worte anzureden, so wie ein Kind zu seinem Vater spricht. Es lag ihm viel daran, daß sie in ihre Gebete auch seinen sehnlichsten Wunsch mit hineinnahmen, daß der Vater sich bald durchsetzen möge, daß er sich zeigen möge, wie er wirklich ist, und daß auch die Menschen ihn so sehen könnten, wie er sich zeigt; daß es dem Vater gelingen möge, durch den Sohn und durch alle, die ihm vertrauen, seine Schöpfung nach seinem Bild und Willen zu gestalten.

Er lehrte sie auch, mit dem Vater ihre alltäglichen Sorgen zu besprechen und ihm zuzutrauen, daß er seinen Mitarbeitern jeden Tag all das geben wird, was sie zum Leben brauchten. »Schaut die Vögel an«, sagte er, »sie bestellen keinen Acker und planen nicht für morgen und übermorgen. Sie nehmen, was euer Vater ihnen heute gibt, und der gibt ihnen täglich genug. Bedeutet ihr ihm nicht viel mehr als die Spatzen und Tauben? Es wäre schade, wenn ihr vor lauter Sorgen um die Zukunft die guten Gaben übersähet, die der Vater euch heute schenkt.«

Weiter bestärkte Jesus seine Freunde darin, Gott um Vergebung zu bitten. »Ihr braucht vergangene Schuld nicht endlos mit euch herumzuschleppen«, sagte er. »Euer Vater wird sie euch abnehmen, wenn ihr ihn darum bittet. Er will euch die Hände frei machen, damit ihr euch auch gegenseitig die Lasten abnehmt. Er hält nichts davon, daß einer dem andern die Fehler der Vergangenheit aufrechnet.

Wenn du also siehst, daß einer unrecht tut, dann rede mit ihm darüber. Vielleicht geht er darauf ein, und du gewinnst einen Freund. Wenn du nicht mit ihm zurecht kommst, dann bitte noch einen oder zwei dazu. Vielleicht können sie besser mit ihm umgehen, vielleicht beurteilen sie auch die Lage anders als du. Wenn ihr auch damit keine Einigung erzielen könnt, dann sprecht in der Gruppe darüber. Erst wenn ihm das alles nicht

geholfen hat, seine Schuld hinter sich zu lassen, erst dann trennt euch von ihm. Er muß erfahren, daß ihr offenes Unrecht nicht übergeht.«
Zuletzt wies Jesus seine Freunde an, den Vater anzurufen, wenn die Krise über sie kommen würde. »Der Boden unter euren Füßen wird wanken«, sagte er, »und euer Himmel wird bersten. Die Angst wird euch jagen, und ihr werdet keine Höhle finden, in die ihr kriechen könnt. Denn eure Welt wird untergehen, und was ihr für Leben gehalten habt, wird in Staub zerfallen, wenn Gott sich durchsetzt. Darum betet zu eurem Vater, daß er euch nicht im Strudel der Katastrophe versinken läßt. Ich sage es euch jetzt, damit ihr es wißt, wenn dies alles geschieht: Es ist nicht das Ende. Es ist der Anfang! Darum wenn euch die Sinnlosigkeit überfällt wie ein Dieb, der euch alles raubt, auch den Glauben an Gott, dann schreit mit dem Rest widersinniger Hoffnung, der euch bleibt, nach Erlösung. Euer Vater, der euch kennt, wird euch hören.
Ich sage es euch, und was ich sage, ist wahr.«

29

Es war unterdessen das dritte Jahr, seit Jesus seine Arbeit begonnen hatte, und es drängte ihn, nach Jerusalem zu gehen und seinen Auftrag zu vollenden. So machte er sich mit seinen Mitarbeitern auf den Weg nach Süden. Er lief allein vor ihnen her und redete nichts. Widersprüchliche Gedanken trieben ihn um. Die tödliche Krise, die er auf seine Freunde und auf seine Feinde hatte zukommen sehen, bedrohte nun ihn selbst.
Er dachte an das Passa, das Fest der Befreiung Israels aus der Sklaverei. In wenigen Tagen würden sie es feiern. Befreiung des Volkes Gottes, Freiheit für alle Menschen, Frieden für die Schöpfung seines Vaters – das war sein Auftrag, danach sehnte er sich, und er

spürte, daß er darin eins war mit der gequälten Menschheit, mit den Kranken und Gebrandmarkten, aber im Grund auch mit der geheimen Sehnsucht derer, die aus lauter Rechtschaffenheit ihren eigenen steinernen Kerker um sich herum gebaut hatten. Und er spürte, daß es auch die Sehnsucht seines Vaters war, die ihn nach Jerusalem trieb, denen entgegen, die Gott zum Sklavenhalter gemacht hatten. Er wußte, sie würden ihn töten, weil sie Gottes Liebe nicht verkrafteten. Befreiung? »Was wird aus der Menschheit, wenn sie dich ermordet haben?« so fuhr es ihm durch den Sinn. »Meinst du, daß Gott deine Katastrophe zu irgendetwas brauchen kann? Wird nicht Gott selbst für die Schöpfung erledigt sein, wenn sie dich erledigen? Erlösung der Menschheit – vielleicht hast du dir zu viel vorgenommen! Vielleicht solltest du dich damit begnügen, ein bißchen zu kitten und zu flicken, Wunden zu verbinden und Schmerzen zu lindern!«
Jesus blieb stehen. Er wandte sich um zu seinen Freunden. »Ihr seht, daß wir nach Jerusalem hinaufgehen«, sagte er. »Dort haben sich die maßgeblichen Leute, die Oberpriester, die Theologen und Gesetzestreuen zusammengetan, um mich umzubringen. Sie werden mich verhaften und verurteilen, foltern und hinrichten.«
Die Männer starrten ihn entsetzt an. Einer von ihnen, Petrus, lief zu ihm hin, packte ihn am Arm und flüsterte: »Um Gottes Willen – das mußt du verhindern! Du wirst doch Mittel und Wege finden, daß sie dich in Frieden lassen! Ein paar Zugeständnisse, einen kleinen Kompromiß – denk an das Volk, das dich braucht! Denk an uns!«
»Satan, laß mich los!« Jesus stieß Petrus weg. Er kannte diese Stimme, diese Gedanken, und schlagartig wurde ihm klar: Wenn ich diesem Rat folge, habe ich verspielt. Er ging auf Petrus zu, der hilflos dastand: »Was du gesagt hast, ist menschlich gesehen vernünftig. Man arrangiert sich und hat Ruhe, und alles bleibt beim

Alten. Gott aber will sich nicht arrangieren und alles beim Alten lassen. Er will sich durchsetzen.« Und er drehte sich um und lief weiter in Richtung Jerusalem. Er wußte jetzt, daß alles darauf ankam, daß er die Freiheit seines Vaters bis zum Ende durchhielt, die Freiheit, anders zu sein als alle Welt erwartete, Frieden anzubieten, wo der Krieg erklärt war, die Liebe durchzustehen, wo alles danach schrie, zurückzuschlagen oder klein beizugeben. »Vater«, sagte er, »ich weiß nicht, was du daraus machen wirst, wenn sie mich töten. Ich weiß nur, daß es keine Hoffnung mehr gibt, wenn sie auch mir das Gesetz ihres Handelns aufzwingen. Steh mir bei!«

30

Jerusalem, die Stadt Davids, des Gesalbten Gottes, lag vor ihnen. Viele waren unterwegs, um das Fest dort zu feiern. Die meisten kannten Jesus oder hatten von ihm gehört. Die Meinungen über ihn waren vielfältig. Die meisten hielten ihn für einen Propheten oder für einen außergewöhnlichen Lehrer der Wahrheit Gottes. Man redete über ihn und setzte auf ihn große Erwartungen. Den Oberpriestern mußte das sehr ungelegen kommen. Sie mußten Aufsehen vermeiden und konnten sich einen Volksaufstand nicht leisten, vor allem wegen der römischen Militärregierung, mit der sie sich bis jetzt hinreichend arrangiert hatten. So wollten sie ihn lieber irgendwann, nicht gerade während des Festes, unauffällig festnehmen.

Aber Jesus zwang sie, öffentlich zu tun, was sie heimlich erledigen wollten. Alle Welt sollte ihren absurden Versuch, den lebendigen Gott auszuschalten, miterleben und mitbestimmen.

Jesus suchte nach einem Weg, der Öffentlichkeit zu zeigen, wer er war, so unmißverständlich wie möglich. Er ließ die Bilder an seinem inneren Auge vorüberzie-

hen, welche die heiligen Schriften vom Messias Gottes gezeichnet hatten. Sie waren den Leuten ein Begriff, aber sie paßten fast alle nicht mehr auf ihn. An einem Bild, das einer der letzten Propheten geschaffen hatte, blieben seine Gedanken hängen: der König, der auf dem Esel reitet, unbewaffnet und ohne Heer, der die Waffen vernichtet und der Feindschaft ein Ende macht. Dieses Bild würde das Volk verstehen.
Er ließ sich von seinen Mitarbeitern einen jungen Esel beschaffen, setzte sich darauf und ritt zur Stadt hinauf. Er hatte sich nicht getäuscht: Wie ein Lauffeuer ging die Nachricht durch die Menge, von allen Seiten strömten die Leute herbei, sie schrien und jubelten, breiteten ihre Mäntel vor ihm auf den Weg, rissen Zweige von den Bäumen und winkten ihm zu. »Sohn Davids!« riefen sie, »du kommst im Namen des Herrn! Jetzt wird uns Gott helfen! Gott sei Lob und Dank!«
Beglückt erlebte Jesus diesen tausendfachen Schrei der Hoffnung. Wohl ahnte er, daß die Begeisterung bald verfliegen würde, aber daran wollte er jetzt nicht denken. Die Menge begriff, wer er war, und pries Gott. Das machte ihn glücklich.
Entsetzt hörten auch die Oberpriester den Lärm, aber sie konnten nichts unternehmen. Der Mann, den sie unbemerkt beseitigen wollten, wurde als Gotteskönig bejubelt. Nun gut, die Masse war umzustimmen. Darin hatten sie Erfahrung. Wenn der Bejubelte als ein Schwächling entlarvt würde, unfähig, sich gegen eine Handvoll Bewaffneter zu wehren, würde die Schwärmerei in Haß umschlagen. Sie brauchten eine Gelegenheit, Jesus abseits von der Menschenmenge festzunehmen, um das Volk vor vollendete Tatsachen zu stellen.
In dieser Verlegenheit kam den Oberpriestern unerwartet ein Gefolgsmann Jesu zu Hilfe. Niemand hatte ihn bemerkt, als er eintrat, klein und fast schüchtern stand er plötzlich da und sagte mit tonloser Stimme: »Ich kann euch einen Hinweis geben, wo ihr ihn finden könnt.«

Judas Ischariot war der erste, den die Panik erfaßte. Vor drei Jahren, als Jesus ihn anredete, war er einer der Radikalen gewesen, bereit, sich in den bewaffneten Kampf um die Freiheit seines Volkes zu stürzen. Jesus hatte ihn fasziniert. Bedingungslos hatte er sich ihm unterstellt. Er war kein Mann der Kompromisse wie Petrus. Niemals hätte er Jesus geraten, den Oberpriestern Zugeständnisse zu machen. Er wäre auf einen Wink seines Herrn bereit gewesen, zu kämpfen und zu fallen. Aber der Starrsinn, mit dem Jesus sich den Herrschenden in Jerusalem preisgeben wollte, schnürte ihm die Kehle zu.
Er hatte vieles nicht recht verstehen können, was er in den drei Jahren erlebt hatte. Oft hatte er hart mit Jesus diskutiert, hatte manches, obwohl es ihm widersinnig schien, geschluckt, weil es dieser Mann sagte, dem er mehr zutraute als seinem Verstand. Jetzt konnte er nicht mehr. Das quälende Gefühl der Sinnlosigkeit verwirrte seine Gedanken. »Wenn dieser widersinnige Messias die Katastrophe sucht – soll er sie haben! Soll er draufgehen und wir alle mit ihm! Ich bin sein Diener, ich helfe ihm dabei, nehme Geld von den Machthabern, mache mich zum Gehilfen der Ausbeuter, schände mich selbst, damit er hat, was er offenbar will! O Gott, was ich auch tue, es gibt keinen Sinn mehr.«
Die Oberpriester sahen nicht, was hinter der Stirn dieses Mannes vor sich ging. Es war ihnen auch gleichgültig. Sie waren froh über sein Angebot und boten ihm gut gelaunt einen guten Preis. So ging Judas wieder zu den andern Mitarbeitern zurück und tat, als gehöre er zu ihnen wie eh und je. Keinem fiel auf, wie schweigsam er war. Er hatte ohnehin die letzten Tage kaum ein Wort geredet.

31

Inzwischen betrat Jesus, immer noch von unzähligen Menschen umgeben, den Vorhof des Tempels Gottes. Er sah sich um. Die Händler hatten sich für das Fest gut eingedeckt: ein Verkaufsstand neben dem andern, Opfertiere wurden feilgeboten, Geld wurde gewechselt, das Geschäft des Jahres blühte. »Geschäfte machen sie«, dachte Jesus, und der Ärger fuhr ihm in die Glieder. »Geschäfte miteinander und Geschäfte mit Gott. ›Schau mein Opfer an‹, so sagen sie, ›schau, wieviel ich es mich habe kosten lassen! Schau mein wohlgefälliges Leben an: Ich faste, ich gebe Almosen, ich bin nicht wie die andern, die du, Gott, verabscheust. Hab ich es nicht verdient, daß du mich gnädig ansiehst?‹«
Jesus griff sich eine Peitsche, und wild vor Wut stürzte er sich in das geschäftige Gewühl, schlug auf die Händler und auf die Käufer ein, stieß die Tische um, daß die Münzen über das Pflaster spritzten, jagte Tiere und Menschen hinaus: »Was habt ihr aus Gottes Haus gemacht!« brüllte er in den Tumult. »Gott lädt euch in seine Wohnung ein, damit ihr mit ihm redet. Ihr macht daraus einen Unterschlupf für Gangster, die die Beute teilen!«
Der Tempelplatz war wie leergefegt. Zwischen den verwüsteten Verkaufsständen tauchten zaghaft armselige Gestalten auf, sie humpelten auf Krücken, oder tasteten sich mühsam an den umgestürzten Tischen vorbei, einige wurden getragen. Diese Behinderten und Kranken, für die sonst kein Platz war im vorfestlichen Treiben, umringten nun Jesus in der Mitte des Tempelplatzes. Er redete mit ihnen, und viele wurden gesund.

32

Am Vorabend des Festes wollte Jesus noch einmal mit seinen Mitarbeitern allein sein. Er brauchte diese letz-

ten Stunden der Geborgenheit und der Wärme im Kreis seiner engsten Freunde. Was dann kam, das wußte er, war Kälte und Einsamkeit, für ihn und auch für die Zwölf. Vielleicht konnten sie in der Gemeinschaft dieses Abends etwas ahnen vom Sinn dessen, was danach kommen mußte. Begreifen würden sie es wohl erst später, wenn alles überstanden war, aber sie sollten erfahren, daß ihre Panik, ihre Flucht, ihr Verrat sie nicht von ihm trennten, sondern mit ihm verbanden. Seine Qual war auch ihre Qual, seine Gottverlassenheit trieb sie in die Verwirrung, sein Sterben war ihre Krise. Daran sollten sie sich später erinnern und wissen, daß nichts diese Gemeinschaft mit ihm auslöschen kann.
Jesus hatte rechtzeitig zwei Mitarbeiter gebeten, ein Zimmer für das gemeinsame Abendessen herzurichten, wo niemand sie störte. So lagen sie nun alle auf den Polstern um den gedeckten Tisch, und er beging mit ihnen das Mahl des Auszugs aus dem Sklavenhaus, das Fest der Erlösung des Gottesvolkes.
»Ich habe mir sehnsüchtig gewünscht«, sagte er, »noch einmal mit euch das Passa zu feiern, bevor ich weg muß. Ich werde nie mehr mit euch zusammen essen und trinken ...« Die Stimme versagte ihm. Seine Augen wanderten unruhig von einem zum andern. »Wenn Gott sich durchgesetzt hat«, sagte er, »dann werde ich mit euch auf neue Weise das Festmahl der Erlösung feiern.«
Er konnte nicht erklären, was er ihnen da versprach. Aber eine Hoffnung, zäher als alles, was vor Augen lag, trieb ihn dazu, dies zu sagen. Hier, im Kreis der Freunde, spürte er diese Hoffnung.
Er nahm das Brot in seine Hände, das ungesäuerte Brot des Aufbruchs aus dem Gefängnis.
»Vater«, betete er, »wir brauchen die Gemeinschaft so nötig wie das Brot. Wir danken dir, daß du uns beides gibst!«
Er zerbrach das Brot und gab seinen Freunden zu essen, jedem ein Stück. »Nehmt und eßt«, sagte er, »das ist

mein Leib, ich selbst bin dieses Brot. Für euch gibt mich Gott in den Tod, und ihr habt Anteil an meinem Sterben, damit ihr leben könnt. Daran sollt ihr denken, wenn ihr dieses Brot eßt.«
Sie aßen. Was Jesus gesagt hatte, verstanden sie nicht. Sie spürten aber, daß sie noch niemals so eng mit ihrem Herrn verbunden waren wie jetzt, als er ihnen das Brot gab.
Dann nahm Jesus den Becher voll Wein in seine Hände und betete: »Vater, deine Geschöpfe dürsten nach dir. Wenn du dich abwendest, verdorren sie. Wir danken dir, daß du unter uns wirkst und uns tränkst mit deiner Güte.«
Er gab seinen Freunden zu trinken und sagte: »Trinkt alle aus diesem Becher! Er ist das neue Bündnis, das Gott durch mein Blut mit euch schließt. Mose hat das alte Bündnis mit dem Blut der Opfertiere besiegelt. Durch mein Sterben schließt sich euer Vater noch stärker mit euch zusammen, so stark, daß euer Herz und eure Seele zu neuem Leben erwachen, wie die Propheten vorhergesagt haben. Daran sollt ihr denken, immer wenn ihr aus diesem Becher trinkt!«
Alle nahmen den Becher aus Jesu Händen, jeder reihum, auch Judas. Seine Hände zitterten, und er wich dem Blick Jesu aus. Er war den andern voraus auf dem Weg der Verzweiflung, das spürte Jesus. Er würde ihn an die Oberpriester verraten. Wie konnte er ihm zeigen, daß er trotzdem zu ihm gehörte, daß er ihn nicht verstieß, auch wenn er sich selbst verstoßen würde?
»Ich muß euch etwas sagen«, begann Jesus. »Einer wird mich verraten. Es ist einer von euch. Er hat mit mir gegessen und getrunken wie ihr alle.« Entsetzen stand auf den Gesichtern der Zwölf. Keiner war sicher, ob Jesus ihn nicht meinte. »Bin ich's?« fragte jeder von ihnen voll Angst. Aber Jesus antwortete nicht. Es graute ihm davor, daß sich das Entsetzen in kalte Entrüstung verwandeln würde, sobald jeder wußte, wer der Verrä-

ter war. Und es graute ihm vor dem Urteil, das Judas selbst über sich fällen würde. Darum betonte er noch einmal: »Er ist einer von euch, von den Zwölfen, die ich mir ausgewählt habe. Er hat sein Brot mit mir in dieselbe Schüssel getaucht.«
Jetzt sah ihm Judas voll in die Augen. Er war grau im Gesicht. Jesu Worte hatten den Zwiespalt in ihm unerträglich gemacht. Wortlos stand er auf und lief in die Nacht hinaus.

33

Auch Jesus blieb mit den übrigen nicht mehr lang. Er stimmte mit ihnen den Lobgesang an, der in dieser Nacht in allen Häusern Israels gesungen wurde. Dann brachen sie auf.
Als sie durch die Gassen Jerusalems gingen, sagte Jesus: »Heute nacht werdet ihr alle an mir irre werden.«
Petrus protestierte: »Ich nicht! Auch wenn sie alle den Kopf verlieren: Ich bleibe dir treu!« Jesus schüttelte den Kopf. »Bevor morgen der Hahn kräht, wirst du erfahren, daß diese Nacht über deine Kräfte geht. Wenn sie dich nach mir fragen, wirst du schwören, daß du mich nie gesehen hast.« »Niemals!« rief Petrus. Seine Stimme klang fast feierlich. »Eher sterbe ich mit dir!« Alle pflichteten ihm bei. Ja, mit der Waffe für ihn zu kämpfen und zu sterben, das hätten sie geschafft.
Sie gelangten an einen Garten, in dem sie oft beieinander gesessen waren. Judas würde sie hier vermuten. Er würde die Leute der Oberpriester hierher führen. Dann gab es kein Zurück mehr.
Die Angst begann Jesus zu schütteln. »Bleibt hier«, sagte er, »ich muß noch einmal allein sein. Ich muß mit meinem Vater reden.«
Er zögerte noch. Eigentlich wünschte er sich doch zwei oder drei Freunde in der Nähe, die mit ihm wach blieben, mit ihm beteten.

»Petrus, Jakobus, Johannes, wollt ihr mich begleiten?«
Sie gingen durch den Garten. Jesus zitterte am ganzen Leib. »Ihr könnt euch nicht vorstellen, wie elend mir zumute ist«, keuchte er. »Wenn ich nur schon tot wäre, dann wäre alles vorbei! Bitte schlaft jetzt nicht! Laßt mich nicht allein!«
Er lief ein paar Schritte weiter, warf sich auf die Erde und schrie nach seinem Vater, der ihm plötzlich so fremd vorkam wie nie zuvor: »Vater, gibt es wirklich nur diesen Weg?«, rief er. »Kannst du deine Schöpfung nicht anders retten als durch die Hölle, die mir bevorsteht?« Kalter Schweiß rann ihm über sein Gesicht und tropfte zu Boden. Er raffte sich auf, lief zurück, um seine Freunde zu suchen. Er fand sie in tiefem Schlaf.
»Wacht auf!« Er rüttelte sie. »Um Gottes Willen, betet mit mir, damit der Versucher uns nicht überwältigt!«
Wieder ging er, mit seinem Vater zu reden. »Du mußt erreichen, was du erreichen willst!« sagte er zu ihm. »Das ist mein größter Wunsch, und darum flehe ich dich an: Laß deinen Willen Wirklichkeit werden! Vater, sag' es mir: Bist du noch dabei, deinen Willen durchzusetzen, oder hast du deine Geschöpfe schon aufgegeben? Ich bin ja bereit, Vater, alle Schmerzen dieser Welt auf mich zu nehmen, wenn ich nur den Sinn sehe, wenn du mir nur zeigst, was du daraus machen wirst!«
Er hörte keine Antwort. Die Gier nach einem Zeichen, nach einem winzigen Stück Sicherheit brannte in ihm. Plötzlich verstand er die Leute, die von ihm Garantien gefordert hatten.
Wieder suchte er die drei, die er mitgenommen hatte. Sie schliefen. Sie konnten ihm nicht beistehen. So ließ er sie liegen. In der Ferne sah er den Schein von Fackeln. Die Gegner waren bereits im Anmarsch.
»Vater«, flüsterte Jesus, »noch könnte ich mich in Sicherheit bringen. Jedes Tier flieht, wenn es Gefahr wittert!«
Die flackernden Lichter näherten sich zielstrebig. Jesus

kauerte am Boden und krallte die Finger in die steinige Erde. Die Freunde schliefen, Gott schwieg, keiner war da, an dem er sich festhalten konnte – und doch hielt ihn etwas auf diesem Stück Erde, und doch spürte er, daß er nicht alleine all das Grauenvolle durchleiden würde. Das zahllose Heer all derer, die wie gehetzte Tiere fliehen, bis sie zuletzt doch ihren Henkern in die Hände fallen, das Heer der Verfolgten und Gefolterten, der Verurteilten und Hingerichteten lag um ihn in diesem Garten. Sie waren seine Geschwister, und er war ihr Bruder.

Er stand auf. »Vater, ich will zuende bringen, was du begonnen hast«, sagte er, »damit dein Wille geschieht!«

Er lief zu seinen Begleitern und weckte sie. »Steht auf! Es ist so weit. Sie sind da.«

Aus dem Schein der Fackeln kam einer gelaufen, spähte zu Jesus herüber, rief lauter, als es nötig gewesen wäre: »Ich grüße dich, Meister!«, eilte zu ihm, umarmte ihn und küßte ihn. Einen Augenblick spürte Jesus, wie dieser Mann sich an ihn klammerte wie ein ängstliches Kind an seine Mutter. »Judas«, flüsterte er, »verrätst du mich mit einem Kuß? Hat dich deine Liebe zu mir in die Verzweiflung getrieben?«

Aber da fuhren schon die bewaffneten Leute der Oberpriester dazwischen, stießen Judas beiseite, packten Jesus und fesselten ihm die Hände.

»Wie einen Verbrecher greift ihr mich«, sagte er, »als ob ich im Untergrund finstere Dinge getrieben hätte. Habe ich mich je vor euch versteckt? Jeder konnte hören und sehen, was ich gesagt und getan habe. *Ihr* fürchtet die Öffentlichkeit, nicht ich.«

Einer der Bewaffneten schrie auf. Er blutete stark am Ohr. Jemand war unvermittelt aus der Dunkelheit auf den Haufen zugerast und hatte blindlings mit seinem Schwert dreingeschlagen. Jetzt sah ihn Jesus zurückweichen zu den andern beiden, die dastanden, als erwarteten sie ein Kommando. Aber es gab kein Kommando.

Die Bewaffneten zerrten ihren Gefangenen mit sich fort.
Da hasteten die drei davon, von wildem Schrecken gejagt, ohne Ziel, nur weg von diesem Geschehen, bei dem nichts mehr zusammenstimmte, bei dem man weder kämpfen noch zusehen konnte.

34

Kaiphas, der Oberpriester, leitete die Verhandlung. Das Hohe Gericht war noch vor Tagesanbruch zusammengetreten: Siebzig würdige Männer, Experten des Gesetzes, Autoritäten der Moral und des Glaubens. Die Prozeßordnung wurde peinlichst gewahrt. Formfehler durften nicht unterlaufen. Es galt, ein korrektes Urteil zu sprechen. Zeugen wurden vernommen, Klage wurde erhoben.
Es ging nicht nur um den Schein des Rechtes nach außen hin. Es ging um mehr. Die Richter mußten sich selbst beweisen, daß sie befugt waren, diesen Mann zu verurteilen. Der tief verborgene Zweifel, dieser Angeklagte könnte in Wahrheit ihr Richter sein, mußte mit allen Mitteln getilgt werden.
Es gelang ihnen nicht. Mit ihrer Taktik, den Angeklagten in Widersprüche zu verwickeln, bis er sich selber zu seiner Schuld bekannte, kamen sie nicht an. Denn Jesus schwieg. Die Nervosität der Richter wuchs.
»Kannst du nicht antworten auf das, was man dir vorwirft?« schrie ihn einer an. Aber Jesus sagte kein Wort. Schweigend durchkreuzte er ihr Selbsttäuschungsmanöver.
Da sprang Kaiphas wütend von seinem Stuhl auf. »Beim Allmächtigen beschwöre ich dich«, rief er, »sag mir die Wahrheit: Bist du der Messias, der Sohn des Hochgelobten?«
Er wußte, daß diese Frage Jesus zu Fall bringen würde,

wie er auch antwortete. Und doch wurde er das Gefühl nicht los, die falsche Karte ausgespielt zu haben. Denn jetzt antwortete Jesus:
»Ja«, sagte er, »der bin ich.«
Wie ein Schrei der Entrüstung klang des Oberpriesters Stimme: »Ihr habt alle gehört, wie er Gott gelästert hat! Ist das nicht Frevel genug? Wozu brauchen wir noch weitere Zeugen? Laßt uns das Urteil fällen! Wie entscheidet ihr?«
»Schuldig«, riefen alle. »Er muß sterben.«
Kaum war das Urteil gesprochen, da fielen die Männer über den Verurteilten her, streckten ihm die Zunge heraus und spuckten ihm ins Gesicht; sie warfen ihm einen Sack über den Kopf, schlugen ihm die Fäuste in die Rippen und grölten: »Wer war das, Messias? Verkünde es uns, wenn du allwissend bist!«
Sie konnten nicht genug davon kriegen, ihn zu schikanieren und zu demütigen, so, als wollten sie sich immer noch einmal bestätigen: Er ist es nicht. Er ist ein Nichts. Es ist aus mit ihm.
»Sie sind unsicherer als zuvor«, sagte Jesus zu sich. Und jeder Schlag, der ihn schmerzhaft traf, bestätigte es ihm aufs Neue: »Sie haben's nicht geschafft, ihren Zweifel abzutöten.«
Als sie ihn kurze Zeit später über den Hof abführten, sah Jesus am Kohlenfeuer unter den Bewaffneten einen Mann sitzen, der erregt mit den Armen fuchtelte und immer wieder beteuerte: »Ich kenne ihn nicht! Verdammt will ich sein, wenn ich den Kerl je gesehen habe!«
Für eine Sekunde trafen sich ihre Blicke. Der Mann verstummte. Unauffällig stahl er sich davon. Er hörte den Hahn krähen, der den Morgen ankündigte, den trostlosesten Morgen, den er je erlebt hatte. Als er weit genug gelaufen war, so daß ihn niemand mehr hören konnte, ließ er sich zur Erde fallen. Er weinte laut und hemmungslos.

35

Es war bereits taghell, als sie Jesus dem römischen Gouverneur vorführten. Was sie im Schutz der Nacht ausgeheckt hatten, kam nun ans Licht der Öffentlichkeit. Denn die Verhaftung Jesu war nicht verborgen geblieben, und die Massen strömten neugierig zur Burg des Pilatus.

Der römische Politiker war intelligent genug, um die Unhaltbarkeit der Anklage rasch zu durchschauen. »König der Juden« habe er sich genannt. Was sollte das? Er hätte sie glatt abweisen können. Trotzdem verlegte er sich aufs Taktieren. Die Oberpriester schienen ihn unter Druck zu setzen, weniger mit ihren Argumenten, als vielmehr durch den gewissen Unterton, der bei allem, was sie vorbrachten, mitschwang: »Sei nicht so sicher, daß du deine Stellung behältst, wenn du es mit uns verdirbst.« Sie wußten zu genau, daß sein Thron nicht mehr so fest stand wie früher. So versuchte sich Pilatus zunächst vor einer klaren Entscheidung zu drücken. Vielleicht konnte ihm der Angeklagte helfen. Er fragte ihn aus, befahl ihm, Stellung zu nehmen – aber er erhielt keine Antwort. Jesus sah ihn nur schweigend an, als wollte er sagen: »Du weißt doch längst, was du tun müßtest. Warum willst du es verschleiern?«

Schweigende Delinquenten war der Römer nicht gewohnt. Sie pflegten zu lamentieren und um Gnade zu winseln. Dieser Mensch brachte ihn ganz durcheinander.

Aber vielleicht konnte ihm das Volk weiterhelfen. Die Leute standen da draußen dichtgedrängt und warteten. Richtig! Zum Fest war eine Amnestie fällig! Sie hatten sich für Barabbas ausgesprochen, einen Terroristen – vielleicht ließen sie sich umstimmen und würden für Jesus plädieren. Das wäre ja auch gerechter, wenn man bedachte, daß Barabbas gemordet hatte, diesem Jesus aber nichts Greifbares nachzuweisen war.

Pilatus trat also hinaus vor das Volk und ließ auch Jesus hinausführen. »Ihr habt's in der Hand, wen ich begnadige«, sagte er, »ihr könnt wählen: Jesus oder Barabbas. Welchen wollt ihr?« »Barabbas! Gib uns Barabbas frei!«, schrie die Masse. Die Rechnung der Oberpriester war aufgegangen: Von einem Messias, der sich kampflos verhaften ließ, wollte das Volk nichts mehr wissen. Barabbas hatte gekämpft. Barabbas war ihr Mann.
Pilatus hatte zwar nicht erreicht, was er wollte, aber da schien ein ganzes Volk bereit zu sein, ihm die Verantwortung für diesen unangenehmen Fall abzunehmen. Das war ihm auch recht.
»Was soll ich denn mit diesem sogenannten König der Juden tun?« fragte er.
»Kreuzigen sollst du ihn!« brüllte die Menge.
»Was hat er denn verbrochen?«
Das Volk tobte nur noch mehr: »Ans Kreuz mit ihm! Ans Kreuz!«
Der Gouverneur zuckte die Achseln, gab einem Soldaten die Anweisung, Barabbas aus dem Kerker zu holen, und als die Masse sich beruhigt hatte, sagte er noch: »Ich wollte es nicht. Das verantwortet ihr!« Dann ging er hinein und befahl, den Angeklagten zu geißeln und dann mit den zwei anderen, deren Exekution sowieso für heute geplant war, hinzurichten. Ohne Jesus oder die Oberpriester noch einmal zu sehen, zog er sich zurück.

36

Damit war Jesus den Legionären ausgeliefert. Sie rissen ihm die Kleider vom Leib, banden seine Hände an einen Balken und geißelten ihn mit der Stachelpeitsche. Eine Lawine unbeschreiblicher Qualen prasselte auf seinen Rücken nieder, die Lawine all der Schläge, Tritte und Stiche, die der Stärkere auf den Schwachen entlädt, die

der Schwache, noch geduckt vor Schmerz, auf den noch Schwächeren weitertrampelt, weitersticht und weiterschlägt. Diese Lawine endlos weitergeschleuderter Grausamkeiten schlug auf ihn ein, auf den letzten, untersten von allen, sie zerriß ihm die Haut und zerfetzte ihm das Fleisch, bis er, halb besinnungslos vor Schmerzen, an seinen Fesseln hing.
Sie banden ihn los und setzten ihn auf einen Hocker. Einer brachte ein rotes Tuch und warf es ihm wie einen Königsmantel um die Schultern. Andere flochten aus Dorngestrüpp eine Krone und drückten sie ihm auf den Kopf, daß sich die Stacheln in seine Stirn bohrten. Mit gespielter Ehrfurcht huldigten sie dem »König der Juden«, fielen mit verdrehten Augen vor ihm auf die Knie, um ihn gleich darauf anzuspeien und mit einem Stecken auf den Kopf zu schlagen. Sie grölten und lachten dabei, und sie wußten nicht, daß Gott selbst den Mann, den sie verhöhnten, zum König der Geschundenen gemacht hatte. Während sie vor dem Gekrönten Fratzen schnitten, dachten sie nicht daran, daß sie selbst Geschundene waren, die vorletzten in der Kette weitergegebener Tritte, denn sie hatten ja nun einen, auf den sie einschlagen konnten. Sie ahnten nicht, daß die Lawine der Grausamkeiten diesen einen zerschmettern sollte, um in ihm zum Stillstand zu kommen.

37

Der »Schädelplatz«, auf dem die Hinrichtungen vollzogen wurden, lag außerhalb der Stadt. Die drei Verurteilten mußten ihren Kreuzbalken dorthin schleppen. Auf halbem Weg brach Jesus unter der Last zusammen. Der römische Hauptmann kommandierte einen Mann herbei, der gerade über den Weg lief, und befahl ihm, den Balken für den Entkräfteten zu tragen. Widerwillig nahm er das Holz auf die Schulter.

Auf dem Schädelplatz standen schon die Schaulustigen. Auch von den Oberpriestern und Theologen waren einige da. Ein paar Frauen kannte Jesus. Sie hatten verweinte Augen. Sonst fand Jesus keinen Freund unter den Leuten.
Die Soldaten gaben den Verurteilten einen Betäubungstrank. Das war üblich. Aber Jesus schüttelte den Kopf. Er wollte jetzt nicht dahindämmern. Trotz der unsagbaren Schmerzen wollte er wach bleiben.
Sie schlugen ihn an das Kreuz in der Mitte. Die beiden anderen hingen rechts und links von ihm. Sie waren Terroristen.
»Da gehörst du hin!« sagten die kalten Augen der Oberpriester, die zu ihm hinaufschauten. »Ja, da gehöre ich hin«, dachte Jesus, und in sein schmerzverzerrtes Gesicht kam ein Zug wilden Trotzes: »Sie haben mir meinen Platz bei den Verstoßenen nicht nehmen können.«
»Hallo, Messias, Sohn Gottes!« schrien die Theologen und Oberpriester. »Zeig, daß du es bist, steig vom Kreuz herunter! Dann glauben wir dir!«
Die Sonne stand senkrecht am Himmel und brannte unbarmherzig auf die Körper der Gehenkten. Vom Kreuz heruntersteigen – die Gegner überzeugen – die verstörten Freunde wieder sammeln – o Gott, wenigstens im Schatten des nächsten Baumes frei atmen, wenigstens die höllischen Schmerzen lindern – »Steig hinunter, wenn du kannst!« Der Gekreuzigte neben ihm hatte es gesagt. »Du hast doch andern geholfen. Jetzt hilf dir selbst und uns!«
O Gott, warum nicht? Warum geht diese Qual nicht vorbei?
»Ich habe Durst!« stöhnte Jesus. Ein Soldat hörte ihn. Er tauchte einen Schwamm in seinen Krug mit Essigwein, steckte ihn an eine Stange und hielt ihn dem Leidenden an den Mund. Gierig sog Jesus die Flüssigkeit aus dem Schwamm. Es tat gut.

Warum half Gott ihm nicht? Der Soldat, der ihn mit Nägeln durchbohrt hatte, linderte seinen Durst. Aber wo blieb Gott? Warum spürte er nichts von ihm? Warum war er so unendlich fern und fremd? »Mein Gott, mein Gott, warum hast du mich verlassen!«
Zu Tode erschöpft hing er am Kreuzbalken.
»Vater, in deine Hände gebe ich mich.«
Sein Körper bäumte sich noch einmal auf und er schrie laut. Dann war es zu Ende. Sein Kopf sank leblos nach vorn. Jesus war tot.

38

Während ein paar Männer den Leichnam Jesu vom Kreuz abnahmen und in ein Grab legten,
während die Frauen, die am Kreuz ausgehalten hatten, schnell noch Salben besorgten, um ihn gleich nach dem Sabbat damit einzureiben,
während die Freunde sich voll Angst und Verwirrung in ihre Winkel verkrochen und glaubten, alles sei aus,
während die Richter den Feiertag begingen, erleichtert, daß dieser Fall nun erledigt wäre,
während ganz Israel von allen seinen Werken ruhte,
machte sich Gott an die Arbeit, eine neue Schöpfung zu planen.
Das Grauen war zum Ende gekommen.
Er selbst, Gott, hatte es durchlitten in seinem Sohn, Minute für Minute. Ihn hatte die Angst geschüttelt, ihn hatten die Schmerzen gequält, er hatte mit dem Gekreuzigten nach Luft gerungen und geschrien. Am eigenen Leib hatte er erfahren, was es heißt, einsam zu sein. Nicht die Einsamkeit, die er von früher kannte, als er mit sich selbst allein gewesen war, sondern die mörderische Verlassenheit des Ausgestoßenen.
Gott war durch die Hölle gegangen, und die Lockungen

der Versucher hatten wie helfende Angebote guter Freunde geklungen: »Steig vom Kreuz – mach der Qual ein Ende – setz dich durch mit der Wucht deiner Allmacht!«
Er hatte sich dagegen gesträubt bis zuletzt. Er wollte den Weg zu Ende gehen, den er in Jesus begonnen hatte. Jetzt umfing ihn das Sterben, der erlösende Tod der leidenden Schöpfung: Kein Schmerz mehr, kein Schreien, keine Angst.
Gott atmete tief, und seine verkrallten Hände lösten sich. Der Kampf war ausgestanden, und er hatte gewonnen. Ja, Gott hatte sich durchgesetzt. Anders, als die Versucher es ihm nahelegten. Der Streit, der Zwiespalt, der Haß war besiegt. Der Tod hatte die Krankheit der Schöpfung verschluckt.
Sie hatten alles aufgeboten, ihn auszuschalten, doch er war unlöslicher denn je mit ihnen zusammengeschweißt, mit den Leidenden und mit den Henkern.
So machte sich Gott daran, das Neue zu schaffen. Der Tod war sein Ansatzpunkt. Der Tod befreite ihn von seinem Versprechen, die Gesetze der alten Schöpfung nicht anzutasten. Was konnten Gesetze einem Toten anhaben?
Gott fühlte sich so frei wie am Anfang der Schöpfung, und seine Gedanken suchten nach neuen Formen, nach neuem Leben für seine Geschöpfe, die er liebte. »Zusehen und nebendransitzen werde ich nicht mehr!« Er hatte sich verändert, das merkte er jetzt. »Ich bin mit den Menschen ins Gespräch gekommen, habe mich mit ihnen verbündet, ja ich bin einer von ihnen geworden. Das lasse ich mir nicht mehr nehmen. Was mein Sohn geschaffen hat, damit fange ich an.«
Es lag ihm daran, nichts zu verlieren. Er wollte all seine Geschöpfe in ihrer persönlichen Eigenart neu erschaffen, ohne sie umzubiegen und ihnen das Besondere zu nehmen, das ihr Wesen ausmachte. Er hatte die Menschen mit den Augen seines Sohnes gesehen und mit

den Händen seines Sohnes berührt, jeden so einmalig und einzigartig, wie er war.
»Das soll die Keimzelle der neuen Wirklichkeit werden: Ich werde bei ihnen sein und sie werden bei mir sein. Ich kenne sie jetzt und sie werden mich sehen, wie ich bin. Die Liebe meines Sohnes wird uns verbinden.«
Die Aufgabe war klar gestellt: Eine neue Wirklichkeit, anders als die alte, und doch sollte sie das Bisherige in sich aufnehmen, ohne es zu beschädigen.
Er überlegte. Bilder tauchten auf, Ideen nahmen Gestalt an, er griff nach ihnen und verwarf sie wieder, er gab sich nicht mit Halbheiten zufrieden, nicht mit Vorläufigem: Endgültiges wollte er schaffen, Vollkommenes.
Endlich zeichneten sich die Konturen einer Welt ab, die ihm gefiel. Ja, so wollte er seine Schöpfung vollenden. Gott hielt inne und betrachtete den Entwurf. Strahlend schön war das Neue. Aber irgendetwas befriedigte ihn noch nicht. Da stimmte etwas nicht zusammen.
Er fing noch einmal von vorne an. Das Kernstück mußte bleiben: Wie Jesus mit den Menschen umgegangen war, wie er sich mit ihnen verbündet hatte, wie sich in seinen Begegnungen mit ihnen Gottes Liebe, Gottes Leidenschaft durchgesetzt hatte, wie sie Menschenleben verändert hatte, Geschichte gemacht hatte –
Gesichter blickten ihn an: Er sah das Glück in den Augen der Zolleintreiber und Dirnen, der Verachteten, die mit Jesus am Tisch saßen, er sah die Begeisterung in den Blicken der Mitarbeiter flackern, und zugleich die schmutzigen Tränen, die dem Petrus über die Backen rannen, er sah die versteinerten Mienen der Gesetzestreuen und das kaum merkliche Zucken, das ihre Unsicherheit verriet, er sah die gelöste Ruhe in den Gesichtern der Geheilten, die eben noch verzerrt waren von unerträglichen Spannungen, er sah die dankbare Liebe in den Gebärden der Frauen, die Jesus aufnahmen, und ihr hilfloses Weinen unter dem Kreuz, er sah das Strah-

len der Kinder, die Jesus umringten: Sie alle waren schon gezeichnet vom Durchbruch des Neuen, das mit Jesus begann, das Altes, Verdorbenes tilgte.
Gott erkannte jetzt, was ihn an seinen Plänen noch störte. Da klaffte eine Lücke zwischen dem Anfang, den Jesus gemacht hatte, und der Vollendung. Er wurde ungeduldig. Da gab es Menschen, die neues Leben geschmeckt hatten. Da gab es Millionen, die danach hungerten. Sollten sie alle warten, bis sie gestorben waren? Sollte der Tod seines Sohnes nicht schon jetzt für sie gelten? Sollte es keinen Weg geben, sie hineinzunehmen in das heilsame Sterben Jesu, ihre Last zu begraben, ihre Angst zu versenken, alles, was ihr Leben verzerrte, untergehen zu lassen? Dann könnte die neue Wirklichkeit mitten in der alten Welt wachsen und sich ausbreiten wie damals die erste lebende Zelle, könnte den Reichtum der alten Schöpfung aufgreifen und umgestalten, der Geist der Liebe Jesu könnte sich durchsetzen und Menschen beseelen, unvollkommen und bruchstückhaft, gewiß, aber kräftig genug, um immer neu aufzuleben: Kein Tod könnte ihn vernichten, den Anfang und Vorgeschmack der neuen Schöpfung!
»Ja, so muß es geschehen!« sagte Gott, und er bearbeitete seine Pläne aufs Neue.
Der Sabbat war fast vorüber. Gott sah den Entwurf der neuen Schöpfung an, den er gemacht hatte, und sagte: »So ist es gut.« Er brannte darauf, seinen Plan in die Tat umzusetzen.

39

Am ersten Tag der Woche, bevor die Sonne aufging, begann Gott seine neue Schöpfung: Er riß seinen Sohn Jesus aus dem Tod und rief ihn als ersten von allen in das neue, endgültige Leben. Am selben Tag zeigte sich Jesus seinen Freunden, voran dem Petrus, dem am

gründlichsten alles zerronnen war, was er für seine Stärke gehalten hatte.
Als die Freunde den lebenden Christus sahen, lebendiger und wirklicher als zuvor, erfüllte sie unsagbare Freude und ein Zutrauen, das sie bisher nicht gekannt hatten. Die Schmerzen und Ängste des Zusammenbruchs verwandelten sich in die befreiende Erfahrung, alles hinter sich lassen zu können, nichts mehr mitschleppen zu müssen vom alten Unrat, neu leben zu können. Sie konnten nicht anders, als es weiterzusagen, Jesus als den Christus auszurufen, in seinem Namen Freiheit von Schuld und Anklage anzubieten, Freiheit für Gottes Liebe.
Viele hörten auf sie und wollten an der Lebensbewegung teilhaben, auch manche, die Jesus bekämpft hatten, konnten nun den Kampf aufgeben.
Sie tauchten im Taufwasser unter und erlebten: Hier versinkt alle Feindschaft, hier stirbt der, der ich bisher war. Und sie stiegen heraus aus dem Wasser und lebten. Sie teilten das Brot und reichten einander den Becher, waren glücklich und dankten Gott, denn sie wußten: Nichts kann uns trennen von Jesus Christus, nichts kann uns scheiden von Gottes Liebe.

40

Seitdem wuchert der Geist, die Lebenskraft Jesu Christi, wie ein zähes Gewächs über die ganze Erde, befruchtet die Begabungen der Menschen, durchsetzt die Sitten von Völkern, baut Zellen und Organismen, Gruppen, Gemeinden, Kirchen, wirkt niemals anders als mit menschlichen Mitteln, verwechselbar und verzerrbar, und bleibt doch ganz Gott, der sich durchsetzt.
Seitdem versuchen große und kleine Machthaber, den Einfluß des Christus abzuwürgen, oder ihn auszuschlachten und zu vermarkten, und oft hat es den Anschein, als gelänge es ihnen.

Seitdem verkrustet die Botschaft immer wieder zu blutleeren Formeln, versackt in Gewohntem und Selbstverständlichem, zerbröckelt in Haarspaltereien, Parteiungen, Verdammungsurteilen und Kriegen.
Seitdem wird das offene Gesicht Jesu von vielen verzerrt zur strafenden, ängstigenden Maske eines steinernen Götzen.
Seitdem bricht mit immer neuer Kraft die Freiheit durch, die der Auferstandene gibt, die Erstarrtes sprengt, Zertrenntes versöhnt, Götzen stürzt und dem Zugriff der Mächtigen standhält.
Seitdem vertrauen wir Gott, der Tote ins Leben ruft und Hoffnungslosen die Zukunft öffnet, der uns hineinholen wird in seine neue Welt.
Seitdem ehren wir Jesus Christus, der uns nimmt, wie wir sind, ohne Vorbehalt, und uns an seiner Arbeit beteiligt, der uns voraus ist als erster der neuen Schöpfung, der bei uns ist und uns Raum schafft, heute zu leben.

Nachwort:
Über die Schwierigkeit, von Gott zu reden

Es hat Zeiten gegeben, in denen das Reden von Gott verhältnismäßig unproblematisch erschien. Man gab biblische und systematische Aussagen über Gott weiter, ohne die Art und Weise der Rede von Gott zu reflektieren – obwohl verantwortliche Theologie eigentlich immer gewußt hat, daß Gottes Wirklichkeit nicht in menschlichen Worten zu fassen ist.
Heute aber ist uns bewußter als zu anderen Zeiten, daß menschliches Reden von Gott schwierig ist. Karl Barth hat uns deutlich gemacht, daß Gott der »ganz andere« ist und daß sich sein Sein und Handeln nicht mit unseren menschlichen Erfahrungen und Vorstellungen von einem »höheren Wesen« gleichsetzen läßt. So sind wir in unserem Reden von Gott vorsichtiger geworden. Theologische Aussagen wurden abstrakter und betonen häufig, was Gott *nicht* ist: nicht verfügbar, nicht objektivierbar, nicht »irgendwo dort droben«, aber auch nicht einfach in dem, was Menschen für wahr, gut und schön befinden. Die Scheu, von Gott ungeschützt zu reden, veranlaßte nicht nur Theologen, das Wort »Gott« überhaupt zu vermeiden oder von der »Vokabel Gott« zu sprechen. In Gesprächen über den Glauben kann man häufig erleben, daß die Teilnehmer Umschreibungen verwenden, so als schämten sie sich und befürchteten, als naiv angesehen zu werden, wenn sie Gott schlicht bei dem Namen nennen, den er in unserer Sprache nun einmal hat.
Nun können wir aber, wollen wir nicht gänzlich schweigen, von Gott nur in unserer Sprache sprechen. Und Sprache bedeutet: menschliche Vorstellungen, Bilder, Erfahrungen. Auch der abstrakteste Gottesbegriff ist Produkt menschlichen Denkens, auch Negativaussagen sind Bilder, wenngleich besonders blasse. Wenn ich

erzähle, daß Gott vor Freude über seine Schöpfung lacht oder vor Schmerz über Kains Bluttat weint, so erscheint dies zunächst als kindlich-unreflektierte, unangemessen menschengleiche Gottesvorstellung. Wenn man sich andererseits mit der Negation begnügt und feststellt, daß Gott »natürlich« keine menschlichen Tränen weint und über kindlich fröhliches Gelächter hoch erhaben ist, so ergibt auch das eine Vorstellung von Gott, und es ist die Frage, ob ein solcher Gott, einer der weder lacht noch weint, der biblischen Überlieferung näher kommt. Durch die scheinbar so logische Negation der allzu menschlichen Züge nimmt man Gott gerade das, was ihn für uns lebendig macht und uns nahe sein läßt. Wenn wir Gott nicht mit einem menschlichen Herzen erfahren und verkündigen, dann erfahren und verkündigen wir ihn herzlos.

Das Gebot, sich von Gott kein Bild zu machen (2. Mose 20,4) erfüllen wir nicht dadurch, daß wir Gott möglichst farblos und abstrakt statt bildhaft persönlich schildern. Sonst hätten alle Propheten und Jesus selbst es mißachtet. Dieses Gebot ist vielmehr eine Warnung davor, Gott auf ein bestimmtes Bild, eine bestimmte Vorstellung festzulegen, den Unterschied zu vergessen zwischen unserer Darstellung und dem Dargestellten selbst. Das Volk Israel hat eine solche Festlegung Gottes gerade dadurch vermieden, daß es Gott persönlich-menschlich gezeichnet hat, mit Gefühlen und Leidenschaft. Dabei wußten die Verfasser der alten Schriften sehr gut, daß »der Himmel und aller Himmel Himmel Gott nicht fassen können« (1. Könige 8,27) und daß Menschen Gott nicht ins Gesicht schauen können (2. Mose 33,20). Trotzdem gestalteten sie ihre Botschaft von Gott menschlich lebendig und gaben so ihren besonderen Erfahrungen und Einsichten Ausdruck.

Alle Versuche, Gottes Wirklichkeit vor menschlicher Verzerrung zu schützen, schlagen ganz einfach dadurch fehl, daß auch diese Versuche menschlich verzerrter

Gedankenwelt entspringen. Wir haben nicht die Wahl, von Gott Adäquates oder Unzulängliches auszusagen, sondern nur die, unzulänglich menschlich von ihm zu sprechen oder ganz zu schweigen. Darum möchte ich von Gott erzählen wie von einem Menschen, den ich liebe, und ihm damit den Platz lassen, auf den er selbst sich durch seine Menschwerdung begeben hat. Beim Schreiben dieser Texte spürte ich immer wieder Angst und Bedenken, daß man so eigentlich von Gott nicht sprechen dürfte. Aber ich bin überzeugt, daß der Gott der Bibel sich lieber zu menschlich zeichnen läßt als menschenfern. Freilich gilt in jedem Fall: »Wir sehen jetzt nur wie durch einen Spiegel in rätselhafter Gestalt . . . denn unser Erkennnen ist Stückwerk«. Unter diesem Vorbehalt »laßt uns erzählen die Werke des Herrn, unseres Gottes!«

München, im Sommer 1977 Hans Frör